朝鲜李朝陶瓷名考

[日] 浅川巧　著

高源伸　译

湖南美术出版社

·长沙·

No.
10
20
イーグル印原稿紙

序[1]

每本书或多或少都得宜于其前辈的工作，但是像这本书这样，完全由自己策划并完成的例子少之又少。我认为这是一项没有什么人想过、没有尝试过，而且也很可能完不成的工作，是难以期望来自故国（日本）以及朝鲜的人们来完成的著述。之所以这么讲，或许是因为年轻人对古器物完全没有认知，年长者却没有爱惜器物的习惯。与此同时，无论是什么样的日本人，也不会被期待创作出这样一本书。为什么这么说呢？因为对于著者来说，没有任何人能够对朝鲜陶瓷具有如此的热爱、理解，专业知识、经验、语学兼而有之。这也恰恰就是浅川君的工作，也可说是非浅川君不可的工作。

但是，我对此书并不仅仅是在其独创性的价值上给予高度评价。其他人即使是再进行几次尝试也不可能达成甚至超过此书的水平。今后凡是对于朝鲜陶瓷史有所关注的人，均必将此著作当作座右铭而难以忽略。所以这种感谢，会反复来自今后的研究者。因为此著作不仅修正了沿

1　本序为柳宗悦于 1931 年 2 月为此书出版所作。浅川巧于同年 4 月病逝于京城（今首尔）。——译者注

用至今的一些名称，正本溯源，且在此基础上的研究给予了我们更多新的启发和提示。当然此书也还将一些未解之谜进行了解锁和诠释，虽然表面上仅仅是一些名称的总结归纳，但其蕴含的释义和指向确实不少。

今天，"过去"依然被毫不在意地抛弃着，如果此著述再晚面世十年，那么可以被收录进去的名词数量一定会大幅减少。浅川巧将人们逐渐丢失的记忆拯救了回来，随之即将被湮没的真理也通过不朽的文字而得到保留，这是一部今人及后人如何感谢都不为过的著述。

作为对这一探索直到成果的亲密的目击者，我深深地了解这是一部怎样获得支持，如何对此课题进行挖掘的著作。我对于将永留史册的这本著述在行将开始其长远之旅之际，以此简短的文字，献上我的祝福。

昭和六年二月二十日

柳　宗　悦[2]

2　柳宗悦：1889年3月21日—1961年5月3日，日本近现代著名思想家、美术评论家、哲学家，"民艺运动"主要发起人。1924年与浅川兄弟一起开办了"朝鲜民族美术馆"，1926年起与富本宪吉、滨田庄司、河井宽次郎等发起"民艺运动"，1936年设立了"日本民艺馆"并出任馆长。1957年获"文化功劳者"表彰，1984年被追授韩国宝冠文化勋章。出版有《柳宗悦全集》22卷、《柳宗悦蒐集 民艺大鉴》5卷、《柳宗悦选集》10卷等。——译者注

凡 例

一、本书为针对朝鲜李朝时代陶瓷器的名称进行考察，以及对其正确使用方法和制作中的用语进行说明的著作。

二、根据陶瓷器的主要用途，为方便起见，大致分为以下九大类进行解说：

1．祭礼器：祭祀、礼仪等活动中使用的器物；

2．餐具：在餐饮活动中使用的器物；

3．文具：书写、绘画中使用的器物；

4．化妆品类：与洗颜、化妆等相关的器物；

5．室内用具：在居室内布置、使用的器物；

6．工具类：在加工其他物品时需要的器物；

7．容器：在进行储藏、酿造、搬运等作业时盛载物品的器物；

8．杂器：以上各类型中没有包括的器物；

9．建筑用材料：作为原材料在建筑中使用的器物。

三、条目解说中带有（ ）符号的词语，是该器物的日语译名，另外在没有对应译词的情况下，沿用朝鲜原文亦能充分表达词义。

四、为方便阅读理解，根据朝鲜语的发音，书中添注罗马字的音读，例如：

ㄱ	ㄴ	ㄷ	ㄹ	ㅁ	ㅂ	ㅅ	ㅇ	ㅈ	ㅊ	ㅋ	ㅌ	ㅍ	ㅎ
k	n	t	r.l	m	p	s.t	ng	ch	chh	kh	th	ph	h

아	야	어	여	오	요	우	유	으	이	ㅇ
a	ya	ö	yö	o	yo	u	yu	eu	i	a

ㄲ	ㅃ	ㄸ	ㅉ	ㅆ
kk	pp	tt	chch	ss

对应注音大概如上，但亦有为便于朗读，而适当进行变化的词语。

五、为使读者更好地理解各个不同类别的器物，书中附上器物图片以及对应器物名称。另外，为更好地理解李朝陶瓷的相关概念，在属于器物的名称下全部添加图示。

六、在同一类器物拥有复数甚至多个名称时，只列举其中最具代表性的一个，同时注明其他名称。

目录

一、绪　言

毋庸讳言，作品讲述作者生活的故事，被把玩欣赏的器物亦能折射出其主人的境遇。在朝鲜半岛制造且保存在这块土地上的李朝陶瓷器，当然就是朝鲜人生活的最佳注解。如果静下心来对这些器物进行观察的话，就等同于在阅读一部民族史，恍若与过去时代的人们在进行交流沟通。

陶瓷器也可以说是因为会被眷顾才制作出来的，这不仅是因为制作前就有了审美要求，也是由于如果使用不当，稍有疏忽，便会导致器物破损。万幸的是李朝陶瓷器恰恰具备这种长年使用的设计才会流传久远。比如李朝中期之前的一些陶瓷器，作为随葬品埋入土中；此外，传播到日本的一些茶具，受到了日本茶人的喜爱，得到珍视和传承；中期之后在朝鲜半岛也有很多器物得到重视并传世至今。当然，在各个窑址，那些堆积如山的陶瓷碎片和残次品其实也是我们研究旧时陶瓷器具极为贵重的资料，让我们得以窥见坚守传统、专念于制陶不闻世事的工匠们的生涯，实在是值得庆幸的。

但是，不必我多做解释，大家也清楚，随着时势变迁，近现代机械工业的野蛮发展，这些工匠的命运受到威胁，我们可以感受到，他们的作品中增加了抹不去的暗云。

当下，朝鲜半岛的人们已经无暇顾及器物之美，原本应当心存敬畏妥善保存的器物却被等闲视之，仅仅是上一时代的器物，从用途乃至名称都逐渐被遗忘。但是这些器物对完全没有预备知识的外国人来说，其形态和用途却是使他们感到神奇和震惊的。这些外国人面对朝鲜陶瓷器具时，往往会对其用途产生歧义，甚至胡乱起一些名称。

在此举一个例子：在某著名的外国的博物馆里，在目录中赫然写成“高丽青瓷食钵”的器物，实际上是“溺器”（小便容器）。其他诸如将我们日常使用、熟知的饭碗认作“茶碗”，将酒壶当作“水器”，将粉盒称作“香盒”等不太大的“误会”非常之多。将饭碗用来“点茶”，将酒壶作为水壶，将香木放入粉盒中，不仅开发了器物原本的用途以外的功能，而且使用者毫无违和感，平添了对于器物二次创作的乐趣，这其实也是给予了器物新的功能和生命。但是，如果能够根据民族风俗、生活习惯，并可以通过器物本身读解时代特征的话，首先还是应该了解器物的正确名称和用途，这是非常必要的。

作为朝鲜民族美术馆[1]的工作，了解、掌握器物本来的名称并将其传达，是一项天经地义的任务。美轮美奂的茶碗使日本的茶人们欣喜若狂，其实也是从朝鲜人日常生活中一直在使用的饭碗中脱颖而出的。能够使著名工匠在其面前黯然失色、自愧弗如的精品茶入[2]，其实也是从为数众多、日常使用的调料瓶中筛选出来的。这些实例，使我们觉得应该尽可能地搞清楚器物的原始属性。而且经过探讨，对于名贵器物的价值并不存在增值或贬值的担忧。尤其是如果能使用器物与生俱来的正确名称来称呼它，欢愉地回忆起它的过往，则可以得到多一层的亲近感。由此延伸，这件器物现在的主人，可以通过它了解甚至体验到朝鲜民族的生活和氛围，自然增进了理解和亲和感。

本书是作者对十余年来尽心收集的李朝陶瓷器研究学习，并对其名称和用途进行研习整理后结集出版的。不过毕竟我是一个外来的日本人，很难做到十分准确。因此对于推出成书也颇为踌躇，但是如果就此搁置的话又更加如

1 朝鲜民族美术馆：在浅川巧、浅川伯教以及柳宗悦等日本人倡议主导下，于 1924 年在京城景福宫开设，主要展示陶瓷器、木器等朝鲜民族工艺品。以此美术馆为基础，二战后设立了现在的韩国国立民俗博物馆。——译者注

2 茶入：日本茶道中存放抹茶粉的容器，除陶瓷材质之外，还有木质漆器、金属材质。——译者注

鲠在喉，不得安宁，因此为求得有识之士的指正，还是决定付梓。

这一尝试，得到了很多热情亲切的朝鲜朋友的指教，此书也作为我们友情和他们对我爱护的纪念吧。

酒杯

三岛手的祭器酒杯

李王家博物馆藏

편틀

白瓷饼台，祭祀用

朝鲜民族美术馆藏

二、器物的名称

（一）祭礼器

所谓祭礼器，是指在举行祭祀活动以及其他礼仪活动中使用器物的总称，其中包括铜器、木器、铁器、陶瓷器等，陶瓷器在其中占有相当重要的位置。

排除一些与日常生活无关，专为祭祀礼仪等定制的器物不论，祭礼器中存在着大量的与日常生活中常用的碗、瓶、壶等极为近似的器物，所以也经常被不了解实情的外国人拿来当作餐具使用，不仅使用起来方便舒适，而且美观大方，能够得到一般朝鲜人因习俗不能使用而体验不到的感受。这与我们不能将佛具当作餐具来使用的道理是一样的。

至于祭器与日用器皿的区别，可以分析一下它的特征。作为祭器，大多需要端庄严肃，而且有很多加工制作成多面体，从各个方向都有审视角度，或许让人联想起挺括有型的白衣。且它原本就不是让人直接持有、触摸，而是放在供桌供案上供瞻仰的器具，所以在设计时也考虑到了多角度审美的需求。

比如说，像壶、瓶这样的器物具有直立的长颈，在碗和盘子下面增加高台且在其侧面加上透雕的装饰，这些都是为了用来观赏的，如果不是摆放在比较高的祭台上，则不会有好的效果。而且绝大多数器具仅仅使用白釉，显得清晰简洁。虽然偶有青花的器物，但除了龙壶以外，大多是为了表示此为祭器而添加简单的文字。尤其是《经国大典》[1]中明令禁止一般百姓使用，如僭越使用了酒器之外的金银制品，或有青花装饰的白瓷器，须鞭杖八十下，不得饶恕。英祖三十年（1754 年）宣布除画龙樽以外，所有的青花白瓷都被禁止，在普通百姓家，不仅限于祭器，也很难得见到龙壶之外的青花白瓷器物。

现在将《增补山林经济》[2]中记录有关祭器的文字摘录如下：

---

1 《经国大典》：14 世纪末，李氏王朝建政初期模仿《周礼》的“六官制”等制定的政治基础法典。初期沿用明王朝的《大明律》，之后数次修订，近一个世纪后于 1485 年正式颁布，是李氏朝鲜成为以儒教为基础的法治国家的原点和根基。——译者注

2 《增补山林经济》：著者柳重临。18 世纪，为振兴农业，朝鲜知识分子们整理国故，增补、编著了普及水田农法、栽培经济作物等的农业林业系列书籍。比较重要的还有《山林经济》（洪万选著）、《千一录》（禹夏永著）、《林园十六志》（徐有榘著）、《农家月令歌》（丁学游著）等。——译者注

家中如遇水火盗贼之灾时，首先要去抢救祠堂，先抢出神主（排位）和文件，然后是祭器，最后才可顾及家财等。风雨过后一定要祭祀家祠庙宇。

每位参加祭祀的人使用的祭器如下：铜饭钵，盖具1，铜匙1，铜筋1（之后保存于家中），木饼板1，木炙板1，器1，脯碟1，食盐碟1，果器3，匙碟1，佐饭碟1，盐碟1，菜碟3，香盒1，烛台一对（以上皆用桐木或良木旋造髹漆而成）；砂盏一具台，羹器1，鱼肉脍碟2，正果脯儿1，干正果碟1，腌菜脯儿1，盅子4（以上皆为白瓷器）；屏2座，地衣面席，单席，拜席，油纸，净巾，羽帚，圆平盘3（漆器），砂壶2，香炉1。

在祠堂边上另建有一间房间，内有大小柜子，木器、砂器封存于其中，还有其他杂物等亦同置于内。在祭祀完成后，使用过的祭器经过清洗，要存回柜内，不可外借，更不会因贫穷而售卖于他人。

虽习惯上都是用铜和锡来制作祭器，但是使用更加清洁的砂木之器等，至少还可以免于贫困时用来抵卖或被人偷窃。

——《增补山林经济卷》之十一《家政 上》

1. 祭器　제기　Chyöikeui

根据以上文字记载，大致可以窥视到李朝时期祭器的一般情况，并且“瓷器很适合作为祭器来使用”已经得到了认可。

在生活中非常重要的祭祀活动，一定是会被那个时代的宗教所左右的。青瓷和“三岛手”[3]的风格比较符合佛教，白瓷则更适合应对儒教，在祭器的变迁中可以明确地感觉到这种演变。

在祭祀中使用的器物，除了陶瓷器之外，还有铜器、木器等，陶瓷器只是其中的一个组成部分。

在瓷器类祭器中，数量最多的当属盘皿类，还有一些当中用蓝釉写有“祭”字的青花瓷器。祭祀时都是将其陈列放置于祭祀台案上，盛放有点心、果品、饼、豆腐、烤肉、肉干等。

3　三岛手：指李朝前期具有代表性的陶瓷器，因其独具特色的纹样与江户时代静冈三屿大社发行的“三岛历”的纹样酷似而得名。最著名的窑址为鸡龙山窑。在日本茶道中，作为“高丽茶碗”的一种而受到追捧。——译者注

2. 祭器碟匙 제기접시 Chyöikeuichyöpsi（祭器皿）

3. 饼台 편과기 Phyönkoakeui

4. 饼台 편틀 Phyöntheul

5. 汤器 탕기 Thangkeui（盛放汤羹的容器）

二

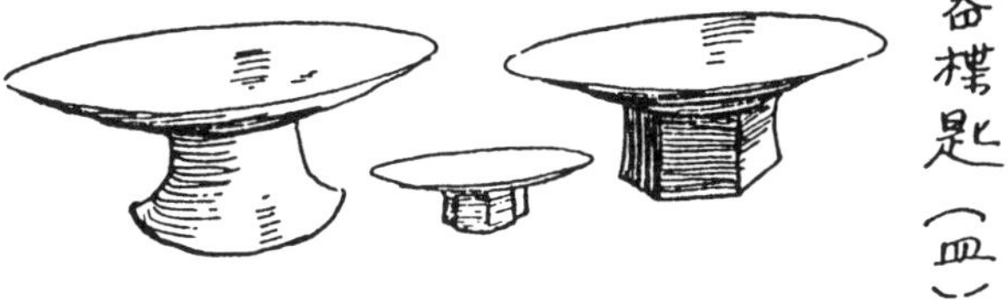

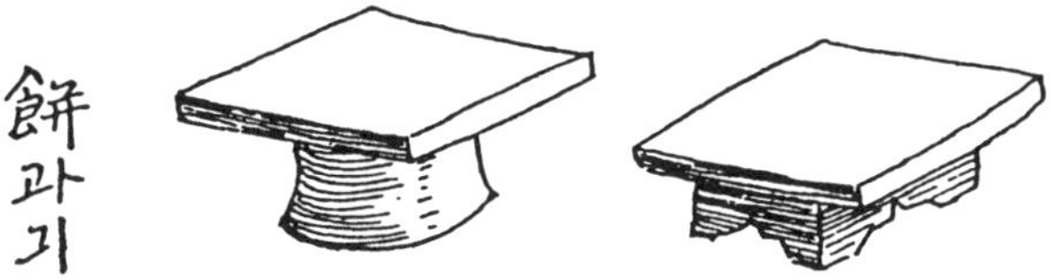

三．四.

当然，根据所承载的物品不同，这些瓷器的形状也有所不同。用于盛放饼的盘子是方形，平面无边缘；类似器形，带边缘的，则用于放烤肉。但有边缘的呢？在陶瓷器中看不到。此外，盛放汤羹的钵子属于汤器，类似于钵子的还有被

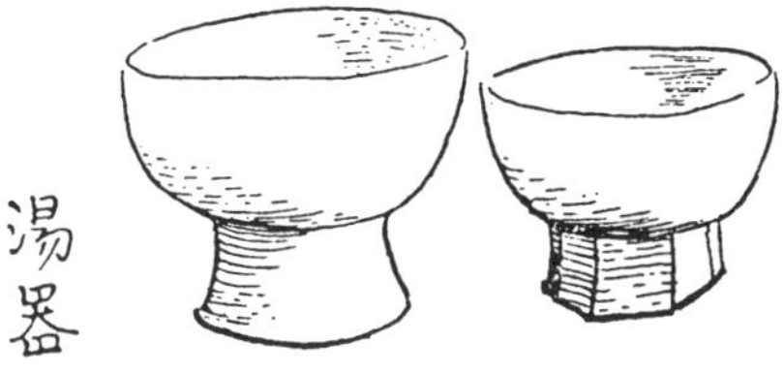

五

6. 匙碟 시접 Sichyöp（放置匙及筷子的台）

7. 茅沙器 모사긔 Mosakeui（用来装入沙子插上茅草注入酒的器物）

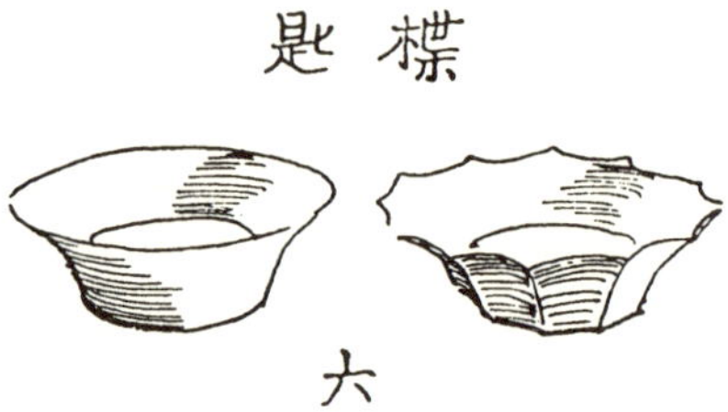

称作“匙碟”的器物，这是用来放置汤匙和筷子的器物，因为在祭祀开始，进行礼拜时，首先要用汤匙和筷子轻叩三下，发出声音以告知神灵。

这类器物，往往可以在底部中央看到有青花的“祭”字。

图中这样的宽沿钵，首先盛入沙土，然后插上茅草，再从上面浇下酒，这叫做“茅沙器”。

属于“酒器”的器物包括罇缸、酒瓶、酒杯、尊、爵等。

罇缸有很多是青花工艺的，一般绘有龙纹，绘有龙纹的称作龙罇或龙樽 / 룡존항아리 /Ryongchunhangari。此外，还有凤凰、十长生[4]、四君子、双喜等纹样。

---

4 十长生：朝鲜社会中常用的以日、水、松、鹤、龟、鹿、不老仙草为主，加以山、云、月、石、竹中的三种构成的长生不老图案，源于中国神仙思想，在自然崇拜的基础上增加了朝鲜文化元素。——译者注

8. 罇缸　존항　Chunhang（酒壶）

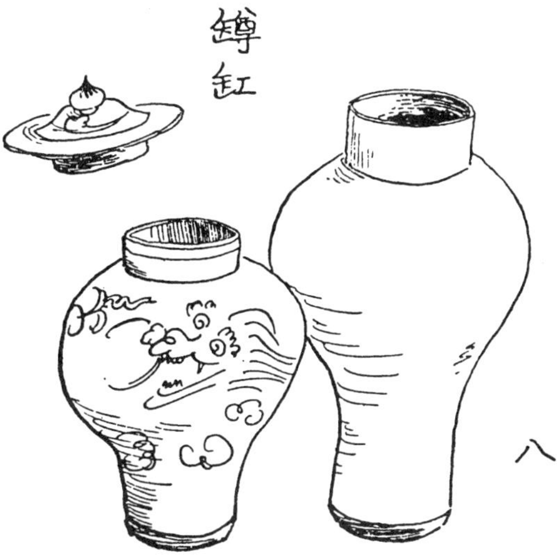

有时也会见到没有装饰纹样的缸，但只要是颈部直立的即为礼器，原本就是酒壶。

但是在世俗生活中，这种缸平常大多作为装饰品摆放在米柜上，有时还用来储存五谷杂粮，每天早晨从缸内取出一勺大米来做饭。在祭祀日还有制作饼的风俗。

天道教[5]会从所有教徒家中收集储存的大米，用来当作传道的资金，但是这应该不是此器物本来的用途。

关于酒瓶，如图所示那样的形状比较多见，在多面体

5　天道教（朝鲜语：천도교 / Cheondogyo）：是朝鲜半岛的一个新兴宗教，前身是 19 世纪中叶西学东进时期出现于朝鲜半岛的东学教，1906 年由东学教第三任教主孙秉熙改组为近代宗教。——维基百科

9. 酒瓶 쥬병 Chyupyöng

10. 酒杯 쥬비 Chyupai

11. 尊 준 Chun（一种酒器）

瓶身上大多会有用青花料描绘的“祭”或“祭玄酒瓶”等文字。

酒杯则会有各种形状，但是都会配有如图中那样的杯托，且具有一定高度的脚台。也有一些酒杯具有过于高的脚台，而使人担心其失去稳定，感到担忧，但这更多是出于让使用者方便握住的考虑，即俗称的“马上杯”。

我们所了解的尊或爵通常均为铜器，但是作为瓷器出现也不是什么新鲜事。牺尊的形象来源于牛，象尊则是仿

12．爵 적 Chyök（酌器）

13．香盒 향합 Hyanghap

14．香炉 향로 Hyangro

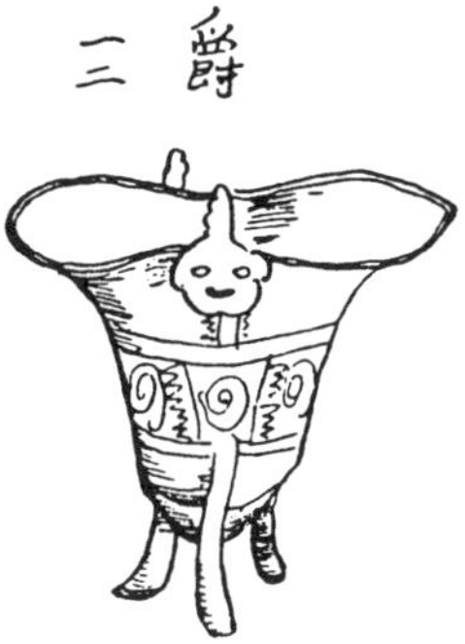

照象的样子，爵是仿照飞鸟的形象的饮酒器，鸡龙山窑[6]以及同时代的窑口均可见此种器物。

下面是有关香的器物，包含香盒、香炉、香座等类型。制香的原料基本就是普通的香木，也就是杜松（又称刚桧、普圆柏），芯材经过研磨加工，然后用

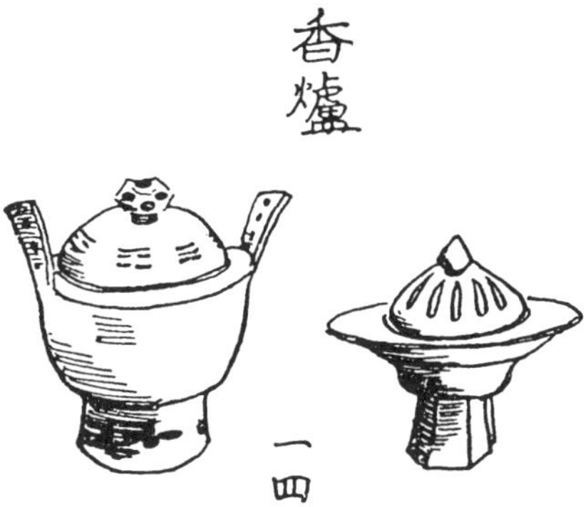

6 鸡龙山窑：李朝初期最具代表性的窑址，位于今忠清南道公州郡鸡龙山，出产三岛、雕三岛、刷毛目、天目及白瓷等多个种类瓷器，以“绘刷毛目”的丰富变化著称。——译者注

15. 香座 향ㅅ곳이 Hyangkkoti

16. 茶罐 다관 Takoan

17. 茶盅 다종 Tachyong

香盒存放，在举行祭祀活动时放入香炉中熏燃。在此场合，香炉要供放在祭坛或祭案前方略低一些的香案上。

香座在朝鲜语中读“향ㅅ곳이 / Hyangkkoti”，比较接近“香串之”这样的谐音字。有各种各样的形制，比较普遍的是，白瓷的盘中雕刻一尊蟠龙，利用龙口处插香。

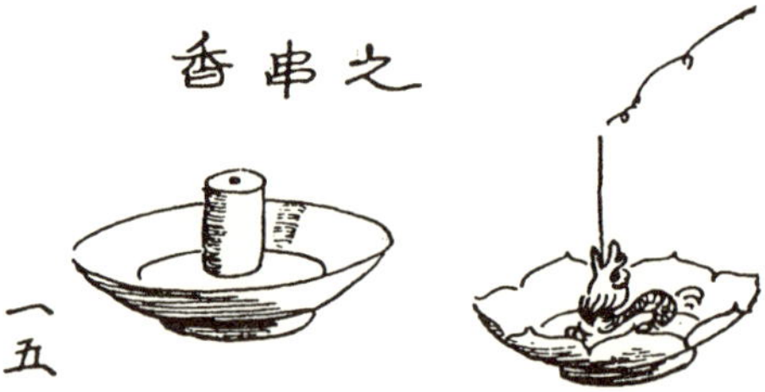

在茶礼中，需要使用茶罐和茶盅。茶罐也称作茶瓶，大多为金属制，也有沙器制作的，但是如今沙制的器物总是与温酒壶难以区别。另外，在庙器中被称作彝的

18. **彝** 이 I

19. **簠簋** 보 궤 Pokuyöi

20. **登** 등 Teung（瓦豆）

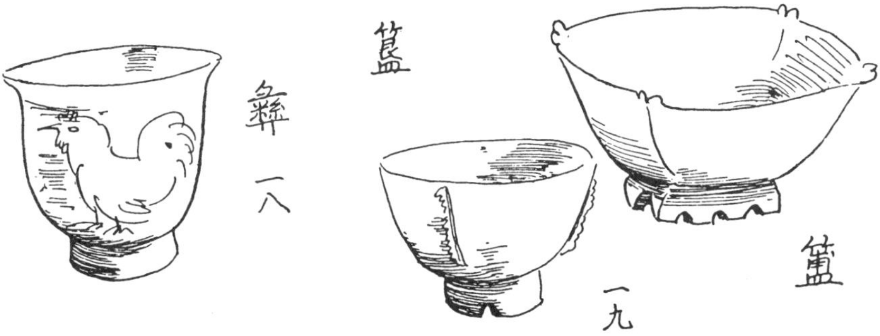

器物，也很罕见地用沙器来制成。彝的种类中又有鸡彝、鸟彝、斝彝、黄彝等，也就是绘有鸡、鸟、庄稼、黄色装饰的祭器。此外还有像簠簋那样的，本来是铜器，但经常会见到陶瓷制成的。在鸡龙山窑中，亦可见到烧制此类器物。这也是一种稷器，用来盛放五谷饭等。方形的叫作簠，圆形的称为簋。

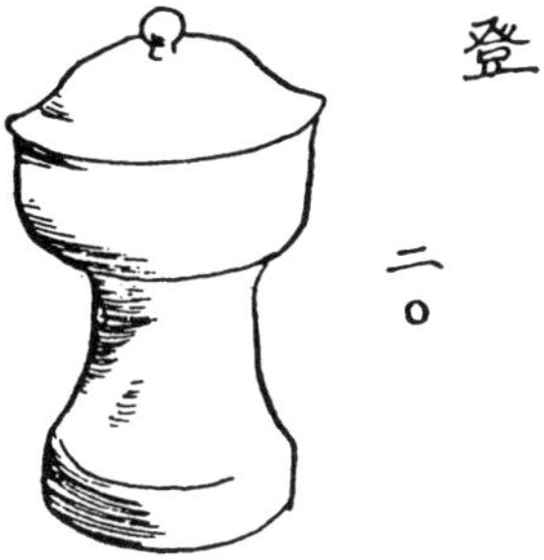

在礼器中还有一种叫作“登”的器物，还有一个名称叫“瓦豆”，也写作“甑”，主要用来供奉淡肉汤。

在部落丈量、分配、登记田地时，要祭祀社稷，会使用一种叫作

21．沙器马 사긔마 Sakeuima（鬼神的坐骑）

22．乳瓶 젓병 Cötpyöng（奶瓶）

23．土主缸 토주항 Thochuhang（放入钱和各物用来供奉的壶）

“将帅马”的器物，在分院[7]的窑厂制作而成，有时是沙器的，有时是陶的，平时在其他地方可以见到铁制的。

患病的妇女，将乳汁挤到一对瓶子里，供入城隍堂祈愿安康，这就是乳瓶。大多为白瓷多角桶形器。

在李氏朝鲜，大多数祭礼器都是根据其国教——儒教为基准的，但与沙器马和乳瓶一样属于民俗器物的还有土主缸，读音为“진둥항아리 /Chinteunghangari”或“진동

7 分院：李朝时期的 1752 年，在广州的分院（位于朝鲜半岛，非中国广州）开设了官窑，至 1883 年民营化才结束了李朝官窑的历史。——译者注

24. 志石 지석 Chisyök（墓志）

항아리 /Chintonghangari”，巫觋将钱财和谷物放入缸内，然后用苞谷叶、苇叶盖上，当作神体供奉起来。容量从一二升到五六升，在普通农家，大多将其安置于米柜上，内存粟米或大豆。家庭中的祭主为年长的主妇。从此器物必为瓦器这点考虑，再加上它的风格体现，应该是朝鲜民族流传最古老的器物之一。

誌石 二四

最后是葬礼器上的墓志石。这是一块碑，上面刻有逝者的生日、事迹及坟墓的方向等，埋于墓前。除了有烧制的之外，还有用石板制作的。形态大致如上图。尺寸大多为 3 尺(1 米) 长、2 尺 (约 0.67 米) 宽左右，一般一两块足矣，也有人使用了超过十块的。如果是烧制的，添加文字会使用线雕、镶嵌、化妆土加铁砂等手法；如果是白瓷的，会使用铁砂或钴青料等各种颜料。由于这类墓志石都有明确的制作年月，因此在陶瓷研究上是很重要的资料。

（二）餐具

在我们所接触的器物当中，可以说关系最最密切的就是餐具了。作为每天都会数次用手捧起、用唇接触的生活伙伴，深刻关系到日常生活的器物，也是对生活方式的演变最为敏感的。也就是说，这些器物在材质与器形上，均会反映出时代变迁而带来的影响。比如说受到宋元传统影响的高丽青瓷、绘高丽、天目碗等，其风格一直渗透到了李朝初期。之后，追赶明的风尚，白瓷的使用得到普及，青花器物也就开始流行并受到推崇。当然，白瓷本身也是一样，通过它的器形也可明确地读解出时代的流转变迁。

比较值得重视的是器物上的绘画，于李朝初期便开始出现于器物上，这是因为受到了宋元时期中国北方磁州窑的影响，与鸡龙山的“绘刷毛纹样”时代相同，器物口缘逐渐变薄并显著外翻，纹样则是线雕中嵌入铁釉。

B 是青花图案的白瓷器，制作时间要晚于 A，也就是模仿明代的回青青花瓷。C 是李朝中叶最最普通的白沙器标本，与 A 和 B 对照便知，其口沿处没有那么夸张的撇出反转，也基本是素烧而成。这样的器物分布广泛，且经过了很长时间的烧制和使用。D 则是李朝末期的作品，我们可以看到它的口沿变厚且完全没有撇出反转，基本就是直线状态，纹样为吴须[1]的青花图案。

以上是各个时期比较典型的器物，实际上每个时期在实际生活中绝大多数还是没有什么图案纹饰的素器，上面所举的几个例子都是当时了不起的杰作。

正如序言中所说，这些曲线的变化不仅仅存在于碗上，罐的口沿、瓶的口沿以至于盘子等各种器物都有所表现。还有就是在人与餐具之间作为媒介的食匙也有显著的特征。E 是初期的产品，与“三岛手”等属于同一时代。F 是中期的产品，与白沙器的器形有所呼应。G 属于晚期的产品，直到现在我们还在使用此形制的匙。对于匙，比较容易看出特征的是前端，根据时代变迁逐渐演化为圆形；手柄部分的曲线也逐渐变成直线。这些形制上的变化，主要还是由于实际使用时产生的需求，其他餐具的变化也是如此，都是从实用出发的，因此从各个时代餐具的形制可以看到其演化过程。

再来看看碗。朝鲜半岛各个地区有各自的特色，比如北部地区的碗体膨胀，束口，整体显得圆润，底部的足比较小，也就是类似被茶人们津津乐道的熊川（庆尚南道）

1 吴须：日语词语，也写作“吴洲”，以氧化钴为主要原料的呈色剂，用于瓷器的烧制上色。在中文中被称作回青、土青、石青及苏麻离青等。——译者注或ハミキャンタイ/Hamikyantai（咸镜道）形制的茶碗，比较多见。南部的碗体多为直线，侈口，底足偏大，也就是类似井户型的茶碗。H为庆尚南道山清郡的产品，I是咸镜北道会宁地区的产品，均属于近代产品。

无论什么时代，餐具均以陶瓷器为主，银、铜、木器也有，但不如陶瓷器普遍。银器仅限于贵族使用，铜器适合在冬季使用，木器则多为僧侣等使用，其他人基本都是使用陶瓷器的餐具。

为了了解陶瓷器都可以用于制作哪些餐具，我们来考察一下掌管祭祀宴会餐具家具的内赡寺管理的供物中的陶瓷器。首先可以列举的有常用瓷碗、常贴匙、常大贴、常盅子、常大沙钵、常甫儿、白沙瓶、常沙钵等（器物前冠以的“常”字为“平常”之意）。

根据《华营重记》中的记述，外帑库的存货中包括沙瓷碗、沙钵、沙大接、沙汤器、沙盘床汤器、沙甫儿、沙大接匙、沙中接匙、沙小接匙等（“接”字与前述“贴”字同音，为音译）。

另外在《分厨院报誊》（分院的记录）中，广州[2]稧防

2 广州：公元940年原慰礼城改称广州，为李朝官窑（广州官窑）所在地，盛产白瓷。现为韩国京畿道都市，非中国广东省省会广州市。——译者注

B A

D C

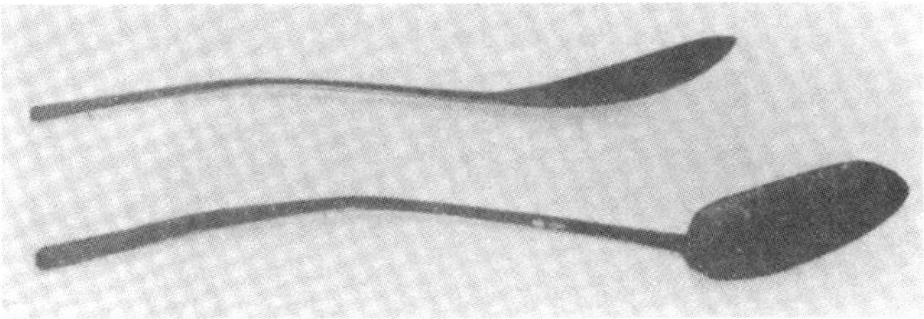

E

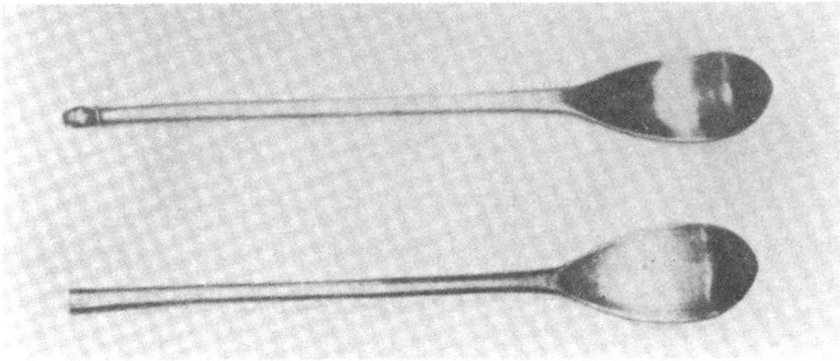

F

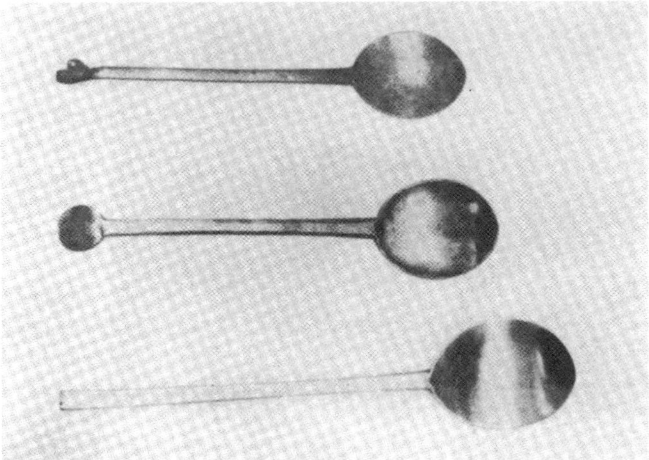

G

H I

盒沙钵

被称作“三岛手”的饭碗，其盖亦可作为盘子使用

李朝初期作品　阿川重郎藏

盒

青花图案白瓷，李朝末期的佳作，用以盛装副食

浅川伯教藏

25. 沙饭床 사반상 Sapansang（一套瓷制餐具）
26. 沙钵 사발 Sapal（瓷饭碗）
27. 바라기 Paraki（平碗）

（亦写作契房，为得到免除公役等福利的官署下级官吏所在的地方）的器皿里面，插图中的饼匙、盘床小接匙、药酒盏具台、瓶例大接、汤器、中钵、宗子、小接等均得见。

作为放置各式餐具的台子称作饭床，如果是瓷制的，则被称为沙饭床。沙饭床通常由十一乃至十三件餐具构成，现在作为高级料理的标准，在礼宾寺接待中国使节时采用，包括面一器，炙二器（猪肉、生鲜），蒸二器（鸡、海参），汤三器（苽制、猪肉、三鱼），饼一器（床花），果一器（四味），进盐水一器等等。

在小餐桌上陈列的一系列瓷制餐具，被称作沙饭床的有普通沙钵一、大接一、甫儿三、碟匙五、盅一等，总计十一到十三件左右。

沙钵是用来盛饭的碗，因为在朝鲜人的日常生活中，有“一饭一碗”的习俗，所以会采用比较大的碗，同样，沙钵也分大、中、小号，叫作大沙钵、中沙钵、小沙钵。沙钵的汉字应为“碗”，或写作“椀”“盌”或“埦”。喇叭花状的沙钵为侈口，韩语称“바라기 /Paraki”，因为碗

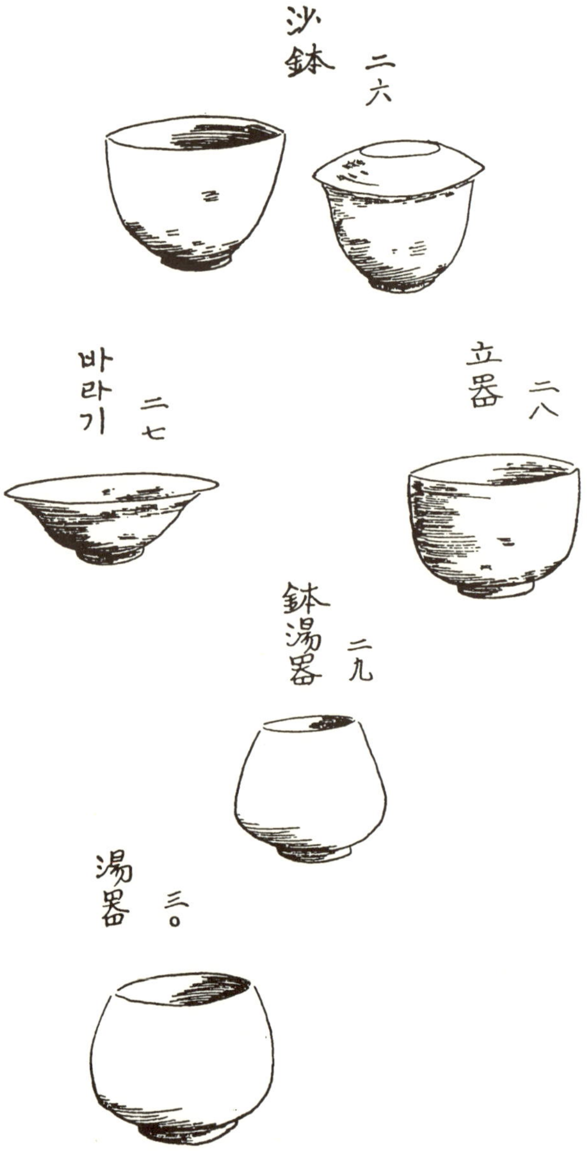
沙鉢 二六
바라기 二七
立器 二八
鉢湯器 二九
湯器 三〇

28. 立器 입기 Ripkeui（筒碗）

29. 钵汤器 발탕긔 Palthangkeui（妇儿用饭碗）

30. 汤器 탕ㅅ긔 Thangkkeui（汤碗）

31. 甫儿 보시기 Posiki（小碗）

壁接近直立，所以也称立器。如口沿部内敛则为钵汤器，多为妇女用来盛饭，与此类似稍大的器物被用来当作汁碗来盛汤，属于汤器。

之后，比沙钵体形略小的被称作“보시기 /Posiki”，包括盅子、盅钵和茶盅等。“보시기”也被称作“보”或“보아”，一般用“甫儿”这一读音词。大小介于沙钵和盅子之间，口部与下部大小基本相同。“보시기”的汉字是“瓯”，

32．盅子 죵ㅈ Chyongcha（猪口）

33．盅钵 죵발 Chyongpal（钵状小碗）

34．茶盅 차ㅅ죵 Chhachchyong（汤吞）

35．盒甫儿 합보시기 Happosiki（盖茶碗）

36．大接 대접 Taichöp（饭钵）

碗之小者为瓯，或碗之深者为瓯，主要用来在餐席中盛放泡菜等。

盅子比甫儿更小一些，用来盛放醋、酱油等，放置于餐席上时也被称作“죵주 /Chyongchu”。

还有钵形的小碗，与盅子用途相同的器物叫盅钵，还有茶盅，就是日语中的“汤吞”，即茶杯。一般名称中有“盅”字的器物，大多为钟状的小型碗，所以有时也写作“钟”字。

以上各器物中，凡是有盖的，在命名上均冠以“盒”字。例如甫儿在有盖时，则称为“盒甫儿”。

还有被称作“空器”的碗，不将食物放置器内，但放置于餐桌上备用，也归于甫儿一类。

比沙钵的形制更大的，用于盛放羹、面类的容器为大接，有时也写作大贴。高三寸（10 厘米）、口径六寸

大接 三六

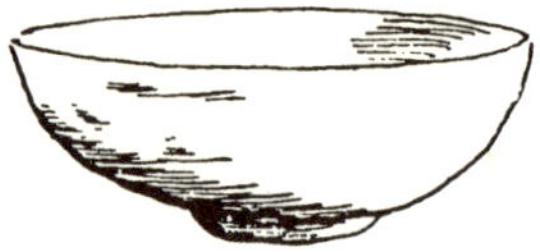

37．碟匙 접시 Chöpsi（盘）

38．盏 잔 Chan（杯）

39．盏台 잔ㅅ디 Chanttai（杯托）

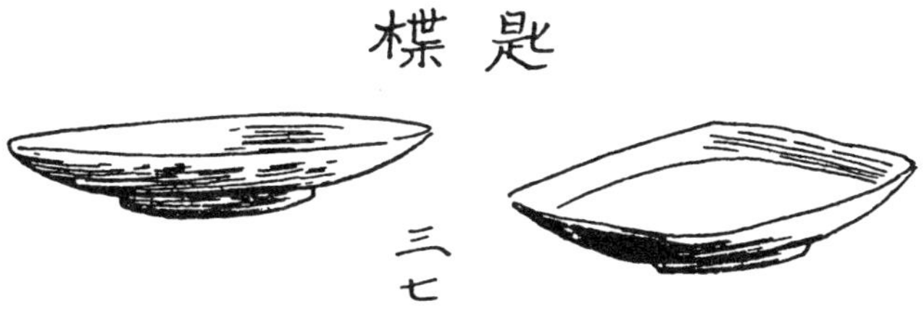

（20厘米）左右的比较大型的钵，往往是餐后盛“슉늉/Syuknyung”（烧饭之后将水倒入锅内加热后的汤）用的。

在餐桌上，主要用来盛放副食的是盘子，也被称作“碟匙”，这两个字是“접시/Chöpsi”的音译，也写作“贴匙/텹시”“接子/접ㅈ”等。众所周知，在远古时代，这类器物是木制的，因此被称为“楪”“木楪”等，后来有了陶瓷烧制的，便有了“甏碟”这样的名称。

上面介绍的是一般的餐具，在接下来介绍的酒器当中，会出现很多别具匠心的设计之作。

盏（술ㅅ잔/Sulchchan）也被叫作酒杯（쥬비/Chyupai），有时写作“盃、醆、琖、磁”等，可以想象这与制作盏的材质有关。

在《山林经济》一书中作者写道：“觞，烧瓷而得，

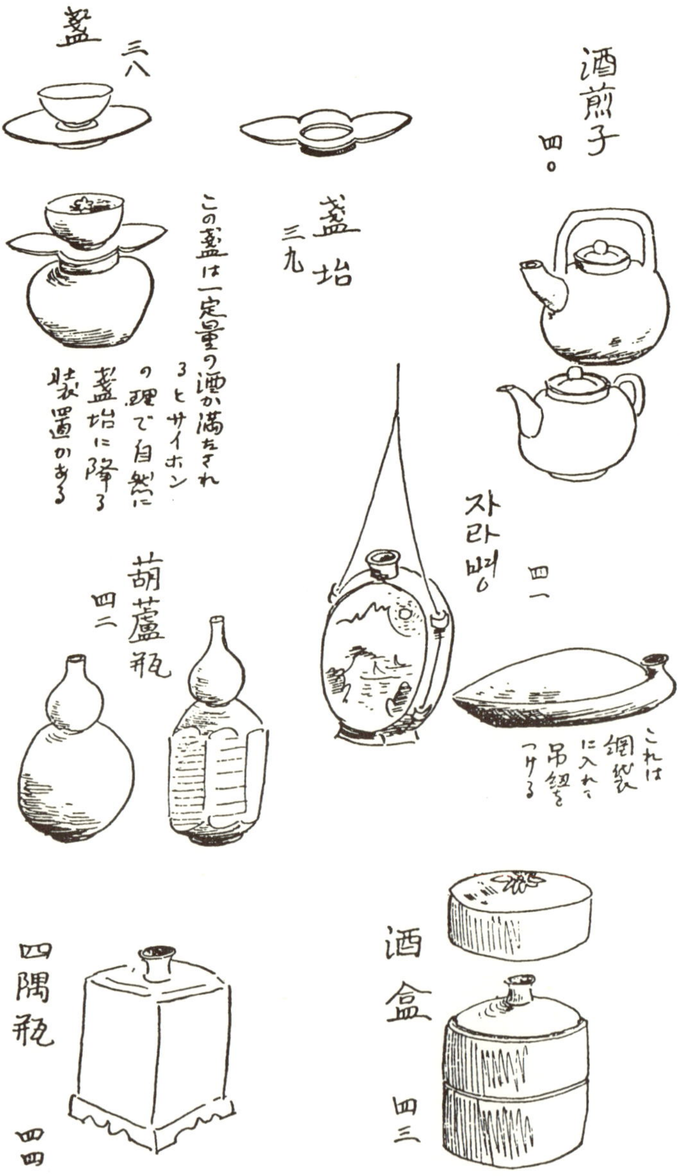
盞
三八
盞坮
三九
この盞は一定量の酒が満たされるとサイホンの理で自然に盞坮に降りる装置がある
酒煎子
四〇
자라병
四一
これは網袋に入れて吊紐をつける
葫蘆瓶
四二
酒盒
四三
四隅瓶
四四

40. 酒煎子 쥬젼ㅈ Chyuchyöncha（铫子）
41. 자라병 Charapyöng（扁壶）
42. 葫芦瓶 흐로병 Horopyöng（瓢形瓶）
43. 酒盒 쥬합 Chyuhap（带酒瓶的盒子）
44. 四角瓶 사모병 Samopyöng（四方瓶）

以纯白如玉者为佳，与古朴的木瘿之杯相得益彰。”

盏一般都会配备盏台。在朝鲜人的风俗习惯中，会餐时，大家会拿一个盏传递，轮流饮。盏台也叫作托盘。

下面最常用的倒酒器具就是酒煎子，实际上，金属制的更适合于温酒，瓷制的比较适合饮用无需加热的烧酒时使用。

此外，适合在野外进餐时使用的酒具，最常用的是扁壶，还有葫芦形的葫芦瓶，以及将酒瓶和菜碗组合起来的酒盒，适合于归纳到便当盒的四角形酒壶等。扁壶本名是“자라병”，也被称作偏提、山壶等。

其他的与酒相关的器物还包括酒壶、酒瓶、壶觞、瓻等等，这些并不是特定形制的命名。在酒席中使用器具的总称可谓“杯盘”（비반/Paipan）或“饮具”等。

以下是盛放各种料理的器物——盒或馔盒。盒是具有半圆形盖子的大型食器，也可称作沙盒。沙盒强调的是瓷

45. 盒 합 Hap（盖物）

46. 馔盒 찬합 Chhanhap（叠盖物）

47. 약염항아리 Yakyömhangari（调味瓶）

48. 陶钵 툭박이 Thukpaki（陶器钵）

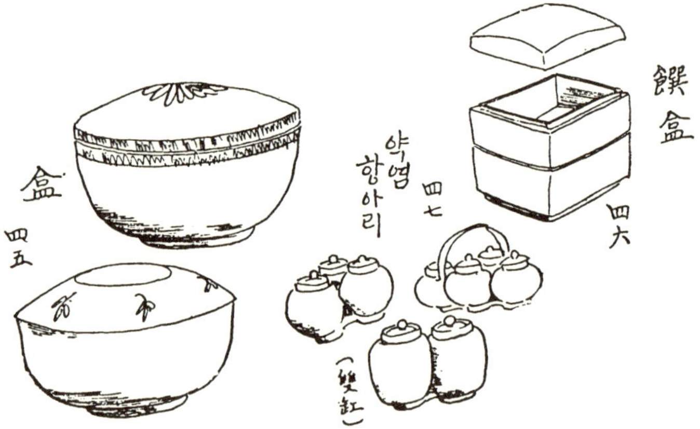

器的盖盒，馔盒是有两层到四层的叠状盖盒。

用来装调味料的器物也是形形色色，通常是两个乃至四个小型的瓶子连在一起，分别盛装辣椒、胡椒、芝麻、盐等各种调料，放在餐桌上备用。两个连在一起的称“一名”(쌍항아리/Ssanghangari)，“쌍”即“双”的意思。

툭박이——陶钵即为陶器制作而成的

49. 沙匙 사시 Sasi（瓷匙）

50. 箸筒 사모병 Chyöthong

钵，由오지或질키制成，因为比较耐火所以可以直接烧火，可以制作如日本料理中的“蒸蛋羹”，做好之后也可以直接放在餐桌上，和설넝탕/Sölnöngthang一样被很多厨房当作主要器物来使用。此物在不同地区的称呼各有不同，但大同小异，如툭배기，툭배리，ㅅ둑배기，둑수리，툭수리。

以下图示即为瓷制散莲华，叫“沙匙”。

另外，箸筒也有很多是陶瓷制的，这里面有单筒的，也有两筒相连的。双筒的箸筒在乡间旅店中经常出现在餐桌上，一边放着洗干净给客人备用的干净筷子，另一边则存放客人用过的筷子，其下部有孔洞，用以沥排湿筷子的水分，促进干燥。

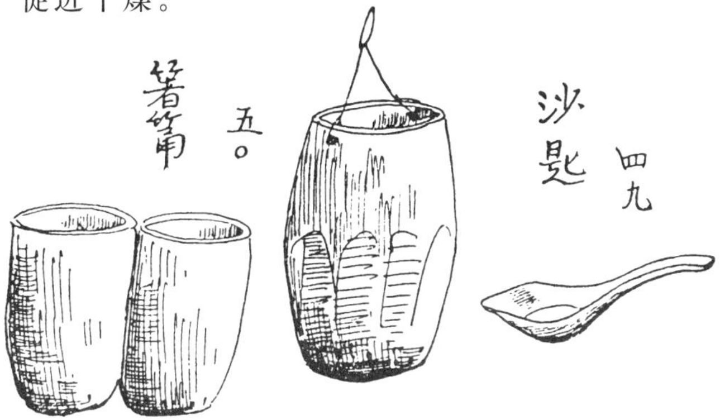

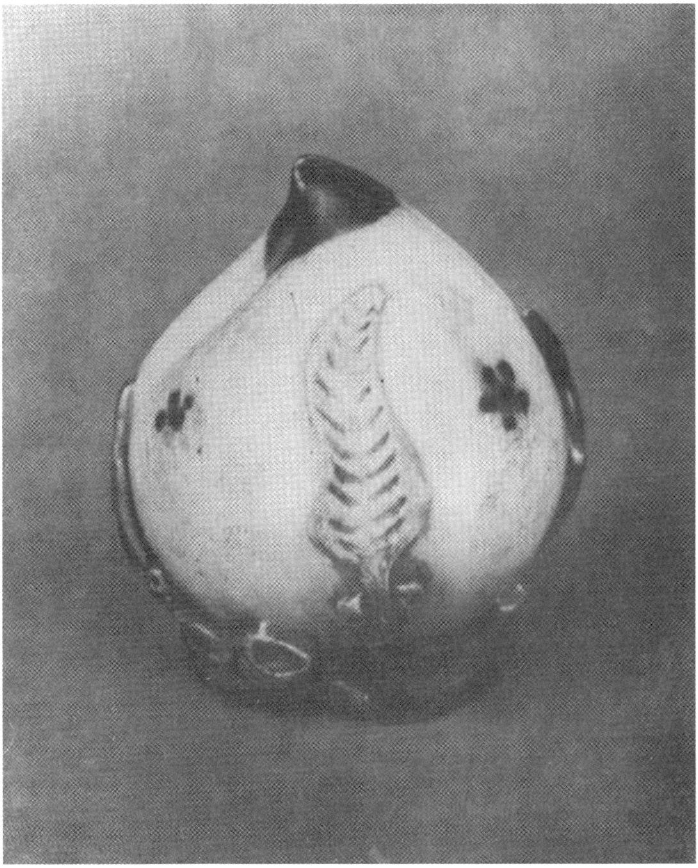

砚滴

仙桃形点红

朝鲜民族美术馆藏

砚滴

（右）青花，栗　　　朝鲜民族美术馆藏

（左）同上，太极、七星、八卦　同上藏

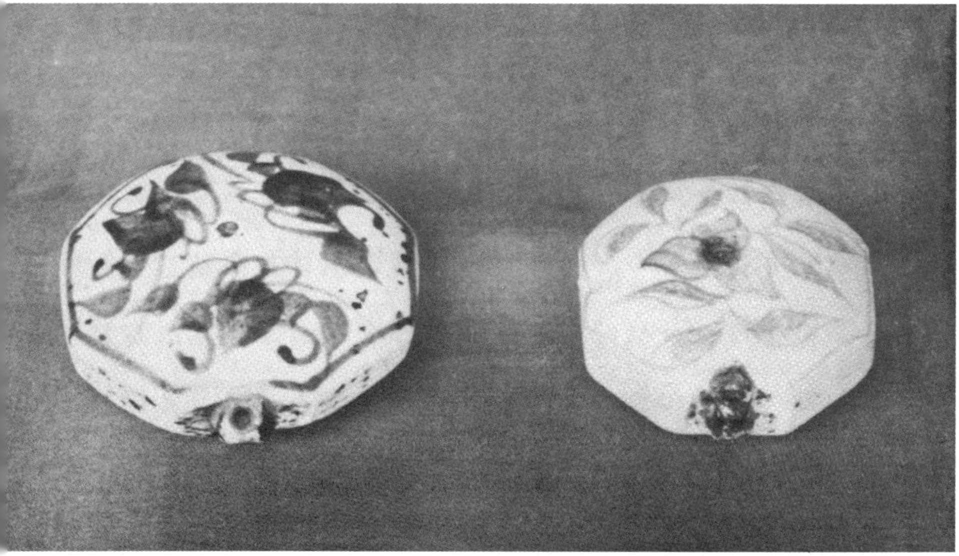

砚滴

（右）青花，仙桃　朝鲜民族美术馆藏

（左）青花，水草　　　浅川伯教藏

（三）文具

在文房用品当中，有很多陶瓷的器物，但不是像餐具那样在数量上繁多，而是特指种类上的多。说到种类，也不是说项目上的种类，而是说在创意上多有变化。貌似文具在制作上有很大的自由度，不像其他器物那样需要基于一定的形式或规定，也不像在制作其他器具那样同样制式的东西时一次烧制很多数量。会有一些工匠根据自己的兴趣或想法随意制作出一些文具，或者有时前往窑厂视察的官员或官方的画师提出一些要求来烧制，甚至有时画师还亲自设计，亲自执笔在器物胎上描绘后入炉烧制。

朝鲜半岛是一个重文的地区，因此具有创意的优秀甚至奇特的文房用品层出不穷。拿水滴举例来说，几乎从未见到过相同的东西，每一个都具有不同的形制和纹样，大多数是具有独特创意的作品，可以说几百件水滴中也难以见到两件一模一样的器物。

当然，文房用品大多数是由文人来使用的，因此与前面讲过的餐具相比，会得到更多的小心呵护，所以可以令人欣慰地看到很多经过长期爱护并长久流传下来的器物。

李朝陶瓷器具有温雅的特质，可以说水滴是充分体现了文房气质的器物，毫不夸张。

51. 砚滴　연뎍　Yöntyök（水注）

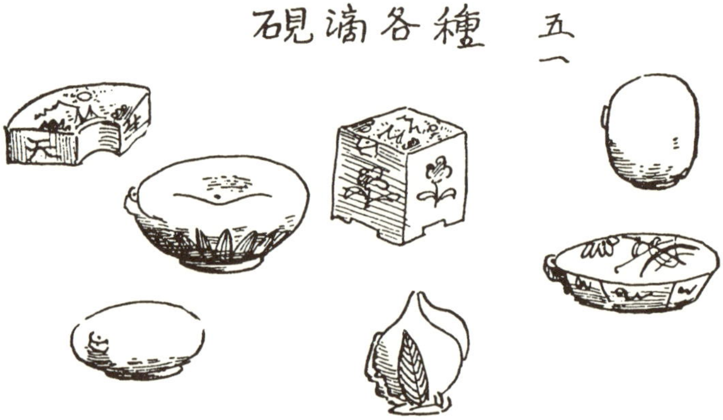

砚滴也被称作水滴、水礶、水注、玉蟾蜍等，是文具中种类和数量最多的一种器物。《山林经济》中记述："砚滴，如使用铜器，性烈，则会因长时储水而具有毒性，大多会使笔毫变得酥脆。最好使用瓷制的，或者退而求其次使用木制或竹制的。竹制的要使用比较坚实的带节的，取其二寸长度，再用细小的竹管插上当作嘴，就完成了一个文人所追求的标致清雅、返璞归真的玩物。"

虽然书上也这么写，但实际上，瓷制的水滴还是最受欢迎，此外我们推测当时的朝鲜文人中的高士的爱好，与我们今天的审美取向还是有较大差异的。

52. 笔筒 필통 Philthong（笔立）
53. 印泥盒 인쥬합 Inchyuhap（印油盒）
54. 调色盘 치키 Chhaikeui（彩绘盘）
55. 笔架 필가 Philka（笔置）
56. 笔洗 피ㅅ셰 Philssöi
57. 별우 Pyölu（砚）
58. 图章 도쟝 Tochyang（印）

下面介绍笔筒、笔洗和笔架，当然还有更为重要的砚。其他的如陶印、印泥盒、绘画用具等也是瓷器门类中比较耀眼的存在。

笔筒，与砚滴一样，是文房中具有实用和装饰功能的器物，并且很多都具有高度的观赏性，工艺有阳刻、透雕、铁砂绘、青花以及这些工艺综合起来使用的。

笔架的别名有笔床、笔屏、笔峰、笔山、笔格等等，种类繁多，甚至还有笔架兼用来盛水的。“笔峰、笔山”，顾名思义，皆为山形的笔架。

笔洗也多种多样，还有兼用作调色盘的。

到了砚和印章这里，更高级的玉石类以及其他材料便多起来，好像陶瓷类于此并没有太多的进步。

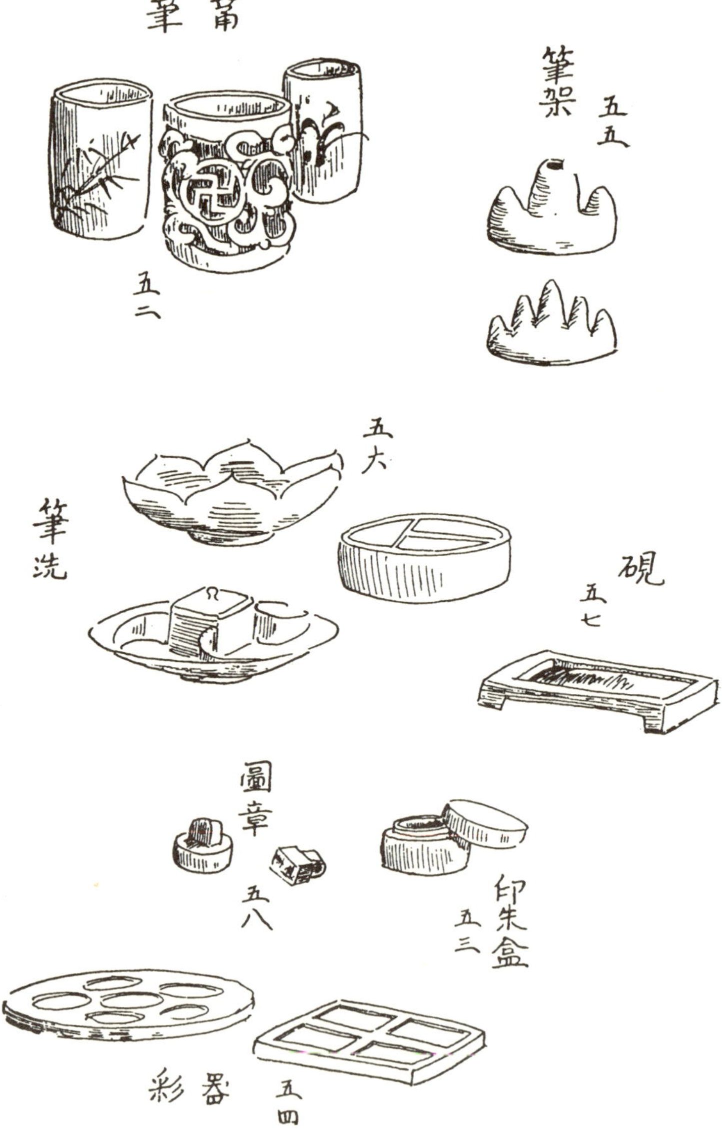
筆筩
五二
筆架
五五
五六
筆洗
硯
五七
圖章
五八
印朱盒
五三
彩器
五四

（四）化妆品类

在化妆用品中，陶瓷器所占绝非少数，尤其是妇人使用的白粉器，就有很丰富的种类。朝鲜半岛的一般民众家里即使有青花的瓷器，大多也就是龙纹罐及白粉器之类，但这类白粉器极少有没有装饰的素纹的，大多会有青花装饰。但是众所周知，在相当长的一段时期内，庶民是不可以使用青花器物的，那么民众为何拥有并使用这些青花器呢？主要是因为白粉器作为嫁妆瓷器而准备。依照朝鲜人的民俗习惯，平民百姓只有在婚礼时才可以使用与高官贵族同样的礼仪器具和服装。比如平时禁止平民使用的朱漆镜台等，作为嫁妆系列中的一种，也可以允许使用。

此处插入趣闻一则：在一个婚礼上，有一个青年居然穿着现任敕任官的大礼服，当地警察得知此消息，视为“大逆不道”的重要案件而对其实施了逮捕。后来经调查得知，此新郎是借用了当时的道知事（省长）的礼服举办婚礼的，很有些“贼喊捉贼”或“大水冲了龙王庙”的味道。所谓的“犯人”居然是知事大老爷的孙子。因为此知事也是朝鲜老人，按照旧时的习惯，也是含有祝愿新人的意愿，不经意间将礼服借给了孩子去结婚。“难道有不该给儿孙辈出借衣服的规定吗？”此事后来不了了之。

各种粉器

朝鲜民族美术馆藏

59. 粉盒 분합 Punhap（白粉盒）

60. 粉碟匙 분접시 Punchyöpsi（白粉碟）

61. 粉缸 분항아리 Punhangari（白粉壶）

在这种大婚时刻，如果祖先，哪怕是远亲中有人身居高位，对于新人和家属来说都是莫大的荣耀，因此在婚庆典礼上使用朱漆的镜台，其中收纳了青花的白粉器等，无疑是当事人非常值得炫耀的事情。

现在看来，所谓的“化妆器具”，绝大多数都是妇人的用具，制作得非常精细和可爱，代代相传，妈妈在女儿出嫁时作为礼物相赠，为新娘的新婚生活增添护佑和祝福，所以虽然大多数器具都有岁月的刻画和日常使用痕迹，但大多依然保持优雅亮丽的状态。

化妆器具中，我们最先遇到的就是粉器类。除了大家熟知的粉盒外，还有粉碟匙、粉缸、粉水器等。这些器物大多为圆形或六角形，当然偶尔也有四角形的。由于器形适中，很多时候粉盒也会被当作香盒等来使用。

粉碟匙是从属于粉盒或粉缸的一组器物，有时也单独存在。

粉缸有时也被用来做墨水壶，其形态确实适合。

粉水器大多为小型的瓶子，也有一些像砚滴形状的，

粉盒
五九
粉楪匙
六〇
六一
粉缸
粉水器
六二
母子盒
六三
기름병
六四

62. 粉水器 분수키 Punsukeui（白粉用水器）
63. 母子盒 모자합 Mochahap（套盒）
64. 기름병 Kireumpyöng（油壶）
65. 비누합 Pinuhap（洗粉用的盖盒）
66. 세수소리 Söisusorai（洗面用瓦器）
67. 옹비기 Ongpaiki（洗面用瓦器）
68. 养齿器 양지긔 Yangchhikeui（含漱器）

但是要远远比砚滴小，其直径大多不会超过一寸五分（5厘米）。

被叫作“母子盒”的则是相对比较大的盖盒，将上述粉器全部纳入其中。

短颈的圆体瓶被称作기름병/油壶，主要是用来存放发油的，对于经常使用同类器物的日本人来说完全不陌生吧。

在洗脸器具中有瓦盆、洗脸盆等，盖盒是叠加的盖物，比馔盒略小，大概有两三层，分别存放食盐、洗洁粉等。

洗面盆至少有两种形态，大多数洗面盆为金属制，但是在乡下更多的是用瓦盆。세수소리在朝鲜半岛北部被更多地使用，옹비기则可能在其底部看到鱼纹等装饰图案。

养齿器也就是含漱器，但不只是在洗脸时才使用，只是为方便起见归于此类。使用上面的碗接上水，漱口后将残水吐入下部的罐子中，往往在进餐后使用。

六五 비누합

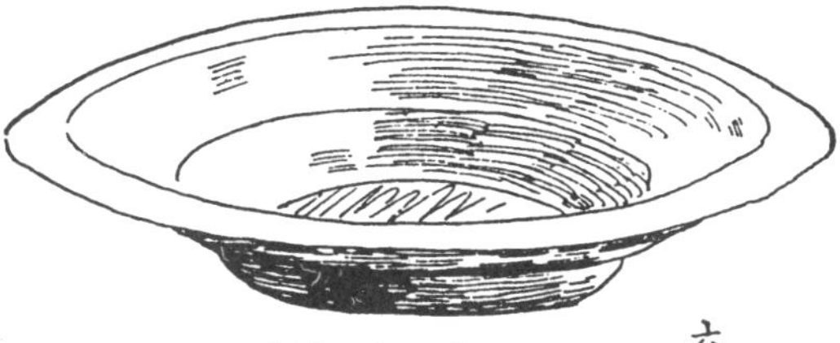

세수소ᄅᆡ 六六

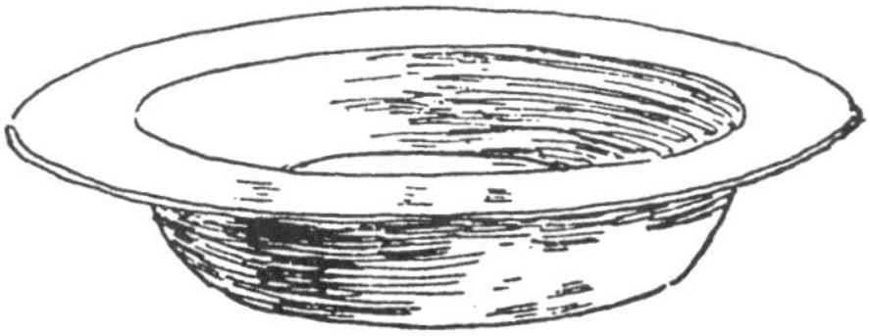

六七 응비기

養齒器 六八

（五）室内用具

说到李朝瓷器的特性，不得不提及其强大的实用性。无论是高丽青瓷，还是日本陶瓷，都有不少脱离了实用价值而用来当作美术品放置观赏，被归类为摆设的器物，即在最初设计时便是以装饰欣赏为目的并进行制作的。但是在李朝的陶瓷器当中却鲜有此类，即使有，也是在观赏功能之外在室内具有重要使用功能的，可以说几乎不存在。或者即使有，也是不应该被称作置物的，例如巧夺天工的砚滴、笔筒、枕等，顾名思义，它们都有着明确的用途和各自的使用价值，当然同时也具备了充分的装饰功能。如果具有使用价值，器物的生命线会更为长久，即使脱离其用途，一样会成为非常杰出的摆件，使用价值甚至有可能是加分项目。

虽然这么说，但是我们环视室内，大部分器物是马桶、火钵等传统遗留品，现在朝鲜家庭中使用的少之又少。室内用具的材料，对于我们使用者来说，比较习惯的有竹木、漆、角类以及陶瓷等，其中陶瓷器以利于保持清洁而显优势，玉石和金属材质的则会因其触感的问题而不太被喜爱。

但是出于经济上以及其他种种原因，我们日常生活中的陶瓷器却难以摆脱渐渐退出室内用具的命运，在这里权

陶枕

白瓷透雕，青龙、白虎、朱雀、玄武

李朝王室博物馆藏

69. 灯 등 Teung（油灯）
70. 灯盏 등장 Teungchang（灯明皿）
71. 灯罩 등갓 Teungkat（灯笠）

且做一解释。

在室内用具中，陶瓷器逐渐被淘汰的最主要原因是其容易破损这一特点。但是我们的先人很早就有爱惜器物的美德，尤其针对容易损坏的器物，必须小心爱护使用，比如茶人便是具有这方面修养的杰出代表。但是如今，此美德已逐渐没落，人们不再轻拿轻放，即使用坏了也无所谓，不去细心呵护。对容易破损的器物加倍小心爱护的训练，陶瓷器无疑是最好的教材，能够善待器物的人，可以养成考量周全、宽容、关怀等美德。

室内用具主要包括照明、烟草、花、炉火、解手等方面的器物，与照明相关的有灯、灯盏、灯罩、灯盅子、烛台、烛筒等等。最初使用这些器物的年代燃烧的芝麻油现在已经变成了煤油，蜜蜡已经成了石蜡，随着这些材料的变化，这些器物也逐渐被人们遗忘。

但是现在在礼佛时，或在产妇房间里，这些器物还是可以看到的。

72. 灯盅子 등죵ㅈ Teungchyongcha（油猪口）

73. 烛台 초ㅅ대 Chhottai

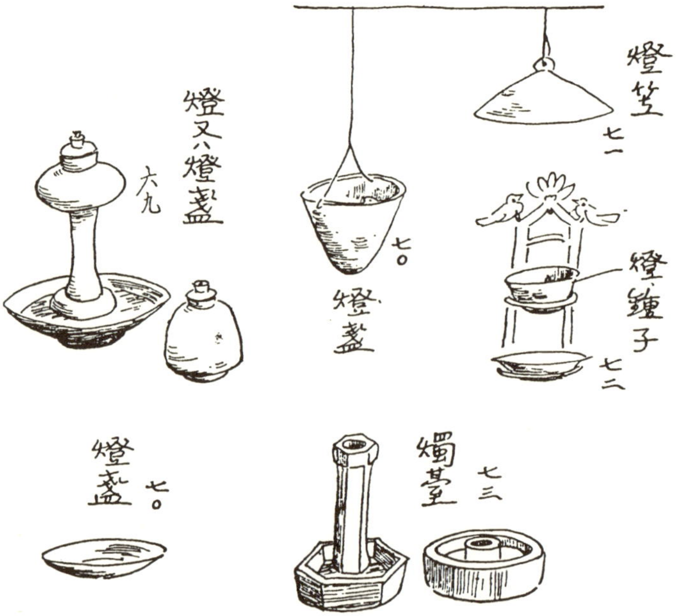

约百年前的诗人金𨱇[1]曾写下这样赞美烛台的诗句：

插烛粉瓮筒，皆言制兼别。用来小轻便，爽捷不如铁。（权直长圣尹燔造白瓮烛筒送一枚……粉瓮烛筒）

1 金𨱇：朝鲜李氏王朝末期学者，号潭庭，生卒年月不详。出生于朝鲜半岛北部的延安郡。著作有《仓可楼外史》《潭庭集》，汉文小说有《琉球王世子外传》《贾秀才传》等。——译者注

74. 烟草盒 담비합 Tampaihap（烟草用盖盒）

75. 烟灰碟 재터리 Chaittöri（灰皿）

76. 烟袋台 담비통밧짐 Tampaithongpachchhim（雁首台）

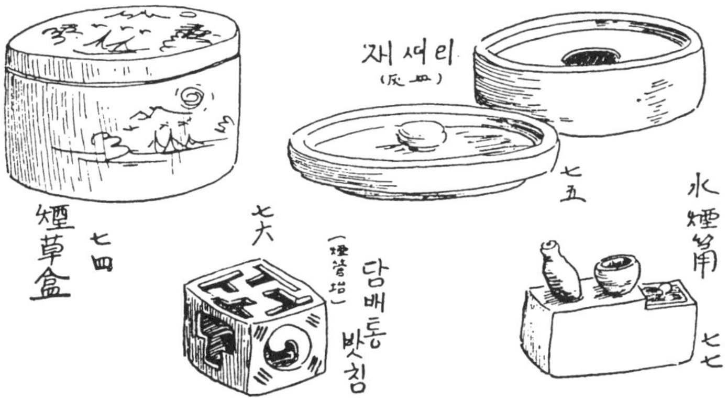

烟草用具中有烟草盒、烟灰碟、烟袋台以及水烟筒等。

烟草盒原本是存放烟丝的容器，但近来烟丝已经逐渐被卷烟代替了。

烟灰碟是使用起来非常方便的一种器物，到现在也是很实用的一种。

烟袋台用于在室内吸烟时，将烟袋的锅子放置于台上，以避免烟灰掉落到其他地方，当然，如果在蚊帐内使用，还可以起到防火的作用，是非常贵重的器物。

水烟筒比较有意思，是让点燃的烟草的烟雾先潜入水

77. 水烟筒 슈연통 Syuyönthong（水烟管）

78. 花瓶 화병 Hoapyöng

79. 花盆 화분 Hoapun（植木钵）

80. 水盆 슈분 Syupun（水盘）

中，这样可以过滤烟中的焦油等，然后才吸入口中。这种水烟筒大多是金属制的，鲜有瓷制的，这是中国人喜欢用的器具。

与花相关的器物有花瓶、花盆、水盆、盆台等，古代朝鲜，尤其是李朝，专为花瓶而制造的器物其实为数不多，当时的邻国日本和中国则有很多花瓶。在高丽时代有不少优秀的花瓶作品，但是不知为何，到了李朝却非常少见。

《山林经济》中有所记载："瓶，唐瓶甚佳，而无画工者绝少，我国之白瓶为仿唐瓶，用之亦佳，略施淡青釉亦无妨。"所谓唐瓶，当然就是指来自中国的器物，多指明代的青花瓶。正如记载中描写的那样，来自中国的器物被置于首位，是符合实际的。

花盆有时也简称为盆，也就是盆栽用的器物，平常多见的为瓦器，当然褐陶制的、瓷制的也不是没有。朝鲜人喜欢的盆栽植物有紫阳花、石榴花、玫瑰、栀子花等。

水盆大多是在隆冬时节，在有暖炕的屋里用来养水

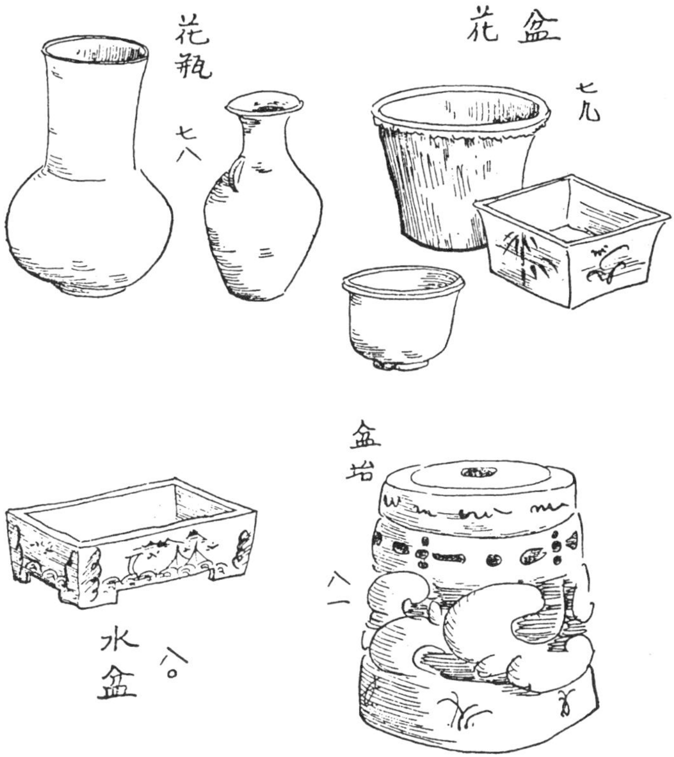
花瓶
七八
花盆
七九
水盆
八〇
盆托
八一

81. 盆台 분디 Puntai（钵台）

82. 火炉 화로 Hoaro（火钵）

83. 风炉 풍로 Phungro

84. 火石 불ㅅ돌 Pulttol（用来覆盖火钵的火的石或瓦片）

仙，盆台在朝鲜半岛也被称作“분밧짐 /Punpachchhim”，用来给花盆做底座，再大一些的可以当作凳子来用。但是在朝鲜半岛，几乎没有中国的榻那样的物品。

之后是和“火”相关的器物，如火炉、风炉、火石等。

火炉有陶制的，也有瓷制的，风炉和火石则主要是陶制的。火炉主要用于取暖，风炉更多用于煎药和炊事。由于需要长时间保持炉火，按照习惯，需要先放置火石，再

85. 枕隅 벽이모 Pyökaimo（枕两侧的附属板）

86. 陶枕 도짐 Tochhim

在其上放置扁平的石板或瓦片。也许因此，才会有一些瓦器制成的火炉。

作为枕头或枕隅的瓷器也有一些。朝鲜人的卧室大多是带热炕的，可以将地板全面加热，因此大多使用木制的枕头。瓷器的枕头可以使头部降温，比较适合在热地板的书斋中小憩时使用。

枕隅大多作为装饰被安置在布制的枕头或胁息[2]的两侧，也有收束布头、草端的功能，其中有不少有雕刻或青

2　胁息：一种放置于地板或榻榻米上，用于人坐久了放置胳膊、肘腕以休憩的器物，形如小型的条凳。——译者注

87. 溺器 요강 Yokang（小便器）

88. 痰盂 타구 Thaku（痰壶）

花描绘装饰的美品。

最后是盛放不洁物的器具，在朝鲜半岛民间，大多会将溺器放入卧室。溺器与痰盂等一样，都会放置于盘上，搁置于室内一角。在比较寒冷的冬季，这是日常生活不可或缺的器物，也是顺应自然的生活习惯。

痰盂在朝鲜半岛也被称作“타구 /Thaku”、唾壶、涎盂等。溺器有时也写作溺江，而且也和唾壶一样具有各种形状。

墨桶

铁釉瓷器

朝鲜民族美术馆藏

89. 碾 년 Nyön（药研）

90. 姜板 강판 Kangphan（萝卜擦）

（六）工具类

陶瓷器因为坚硬的本质，又不容易受到化学物质的侵蚀，而且耐火耐高温，因此被用来制作各种不同的工具。

其中属于陶器的，被广泛使用，经常在餐厨具或酿造工坊等处看到，也经常作为商品流通于集市；而瓷器基本具有比较特殊的功用，比如木匠、医生等使用的器具。还有一些陶瓷匠人自己开发设计而制造的东西，如果进一步精细研究调查，还应该有不少在各方面被应用的器具。

碾主要是用来研磨药品的，因此常被称为药碾。一般来说是以铸铁来制作的，也可以见到瓷制的。由于很多药物所具有的化学特质可能引起反应，所以陶瓷制的要比金属的更适用。

如我们（日本）日常使用的萝卜擦板那样的姜板是瓷制的。将瓷板的硅石颗粒雕出来烧成,主要用来摩擦生姜、大蒜等药材。

下面的同样用来研磨的磨子器，是类似于乳钵或摩擦

91. 研磨器 막자긔 Makchakeui（乳钵）

92. 磨棒 막자 Makcha（乳棒）

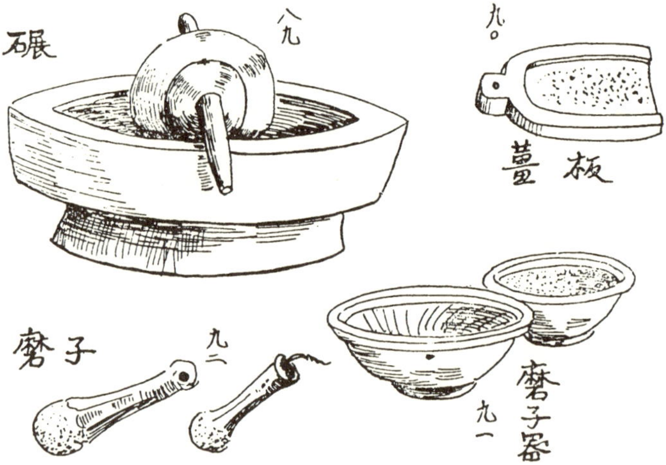

碗的器物，乳棒被称作磨棒。

从很久以前开始，人们一直喜欢使用陶制的药罐，因为那时的药物基本都是需要煎制的，所以使用陶器最适合。药罐在日常大多被叫作“药汤罐”，在韩语中是“약단지 /Yaktanchi”这样的发音。其在日本被称作“汤沸”或“药罐”，应该是从这里来的。

还有相同用途或烧饭用的陶制的釜，这个在不同的地

93. 药汤罐 약탕관 Yakthangkoan（煎药壶）

94. 陶釜 지르솟 Chireusot

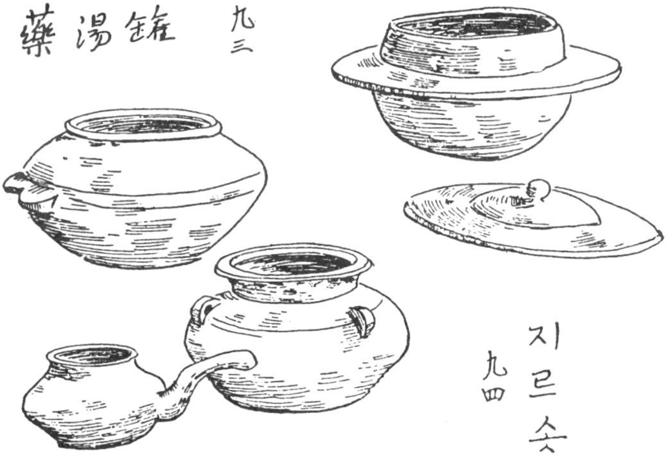

方可能称呼不一样，比如“지르오가리 /Chireuokari”或“옹솟 /Ongsot”、土鼎等，用来烧饭的话，和日本的土锅一样，可以做出很好的味道来。

朝鲜半岛的大米总是会掺有一些沙粒，可能是收割后加工过程中造成的，为了解决这个问题，人们开发了各种工具，比如“이남박 /Inampak”，是一种木制的磨具，当然也有些地方使用陶制的瓦器。如图九五，盆子的内侧刻

95. 淘米盆　쌀함박　Ssalhampak（用于将米中沙子挑出的盆）
96. 甑　시루　Siru（蒸钵）

划有畦状的线条，将大米放入盆中加水浸泡，然后不断晃动，再将大米移入另外的容器，此时会因为比重不同，细小的沙粒会残留在盆内线条的凹槽中。

用来蒸制大米或年糕的器物称作甑，将底部有孔洞的钵盂放置于釜上，下面的蒸汽会升上来完成蒸制过程。釜的底部通常会铺垫稻草编织的垫子，但是在蒸年糕时，则

97. 蒸馏器 쇼쥬ㅅ고리 Syochyukkori（ 뜨 引）
98. 拔火罐 부항단지 Puhangtanchi（火瓶）

会放置松树叶，这样蒸出的年糕会有特殊的清香。使用甑制作出来的年糕叫作“甑糕 / 시루떡”，此钵有时也用来做豆芽菜。

下面是稍微复杂一些的，利用蒸馏法制造烧酒的器物——쇼쥬ㅅ고리 /Syochyukkori/ 蒸馏器，由红褐色硬陶材质制成，放置于安置好原材料的釜上面，在下面加热。酒精会蒸发上升，到上方的球状部冷却，就会从横出口一滴一滴排出。为加强冷却效果，会将球状部沉浸于冷水中。

唯一可称作医疗器械的就是拔火罐 / 부항단지，有时也被称作附缸、부항항아리 /Puhanghangari 等，经常用于肩痛的缓解或化脓部位脓液的吸出等。使用时，将极小量的烧酒放入罐内，点燃火焰，将罐口扣住患部，罐中的火焰会慢慢熄灭，这样罐中的空气变得稀薄，会有一定的吸附力。因为此器具小巧且精致，有些不了解情况的人会误以为这是茶叶罐并用来存茶。

其他，如木工使用的工具中，墨壶也有用陶瓷烧制而成的。

99. 墨桶 먹통 Mökthong（墨壶）

100. 喷水瓶 분슈병 Punsyupyöng（如露）

101. 饼模 턱살 Ttöksal（饼型）

102. 漏斗 깔딱이 Kkalttaki

103. 坠 츄 Chhyu（网用配重）

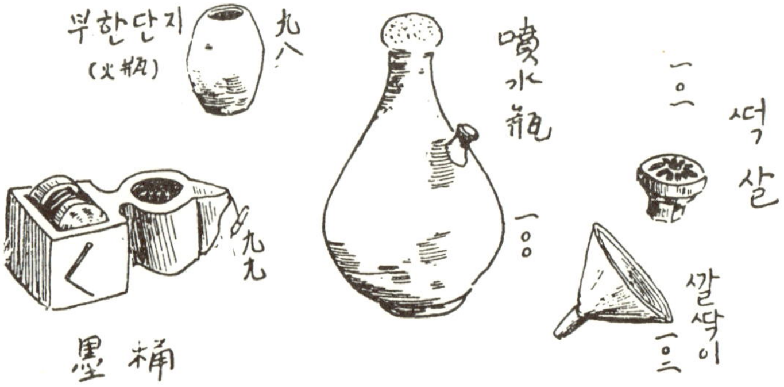

还有叫作喷水瓶的用来均匀洒水的瓶子。

在做年糕或其他糕点时压出花纹的白瓷制饼模턱살，也称“턱손 /Ttökson”。

在将液体转移的过程中，为确保不至洒漏，瓷制的칼탁이 / 漏斗是很有用的。

其他作为工具的部件还有坠 / 츄、辘轳轴头 / 봇극和垫圈 / 갓모等。

坠是用于渔网的配重，一般多为铅制，因为以前在海

104. 辘轳轴头 봇극 Pokkeuk

105. 垫圈 갓모 Kammo（辘轳轴周缘）

106. 编席石 고드래ㅅ돌 Koteuraittol

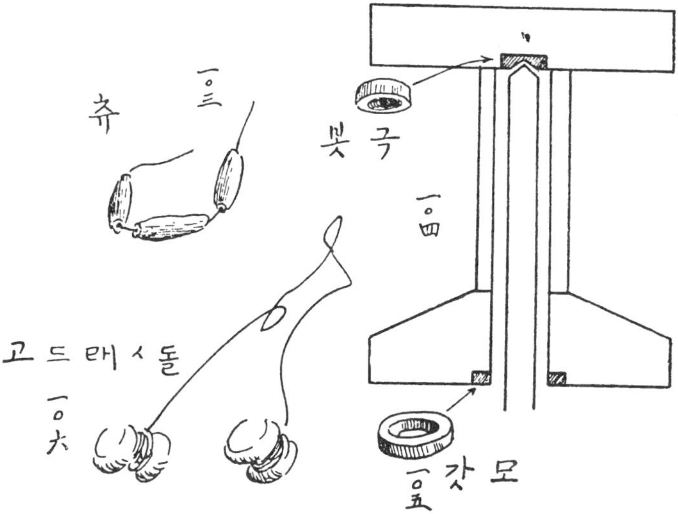

边有很多窑口,所以会有不少陶瓷器烧制的网坠遗留下来。

瓷制的轴头和垫圈是为了减少辘轳在使用时的摩擦阻力。

在编织芦席或竹席时，用来压放的“席镇”，有时是用陶瓷制作的，因为陶瓷器的形状和重量都是固定的，所以非常便于使用。

（七）容器

陶瓷器绝大多数是广义上的容器，为了方便说明才进行了如上各种分类并列举出来，其实并没有囊括所有的器物，还有一些不在上述分类中，但依然作为容器在使用，尤其是陶器，绝大多数自发明出来即为容器。

在朝鲜半岛，诸如酿造大酱、酱油等作业都是在露天进行的，大多是在院内日照通透的场所，用石块搭建一个高台，称作“酱缸台”，将缸瓮排列其上，进行酿造和储存。第 91 页图片是京城[1]城外清凉里的尼庵的酱缸台，台上的缸内盛放有酱油、辣椒、豆酱等，在日照良好的晴天，将盖子揭开充分晾晒，据说随着储存年份的持久会愈发美味。

此外，朝鲜半岛的泡菜非常盛行，尤其是在冬季，泡菜在副食中占据着非常重要的位置，因此缸瓮的使用也是极为重要的。其他的还有搬运水、液肥等的作业中，陶器也是最为常用的，因此缸瓮类是多种多样的。

属于容器的瓷器也非常多，如果去探访朝鲜家庭，相当于日本建筑的玄关的大厅的正中，安放着非常郑重的用厚重的榉木板制作的米柜，称作斗度，在其上面，陈列着

1　京城：李氏朝鲜的首都，即后来的汉城，2005 年起改称首尔。——译者注

大小不一的容器，里面分别存放着杂谷、调料、酒、醋、酱油、盐、腌咸鱼等等。像这样摆设着瓶瓶罐罐的，不仅是在斗度上，在架子上、柜子里、厨房的角落里都有陈放，这样的摆设会让人感到此家的生活富足，岁月祥和。当然，各种形制的瓶子罐子也有着不同的纹样和釉彩，非常能够吸引我们的眼球。看着这些美好的器物，会情不自禁地增加我们对房屋主人的好感和敬意。

在日本的家庭中经常使用的桶和箱子的地方，在朝鲜半岛几乎都被瓶、瓮、釜、罐、缸所替代。因为在实际使用的过程中可以发现，壶罐类可以有效地防止潮湿，更可完美地抵御鼠类和虫类的骚扰侵害。

如果向朝鲜半岛的深山处走去，在火田民[2]家庭中，甚至可以看到因没有像样的衣橱而使用瓮来替代存放衣物的情况。

容器按照形状来分，可以划分为瓮、盅、缸、瓶等，根据其用途的不同还可以细分。

瓮的形状也是有大有小，有的器形比较膨胀圆润，有的细长清秀。

---

2 火田民：朝鲜北部山地以相对原始的烧田开荒为生的农民，种植谷子、玉米、荞麦、大豆为主。在日据时期，因丧失原有土地而转为火田民的朝鲜农民激增。——译者注

长本（俵壶）

鸡龙山窑　刷毛纹样酒瓶

住井辰男藏

油瓶

石间　瓶，存油用

朝鲜民族美术馆藏

缸

朱点缸，芭蕉图案

朝鲜民族美术馆藏

107. 大瓮 대옹 Taiong
108. 中瓮 준두리 Chyungturi（中型瓮）
109. 宽瓮 빗탕이 Paitthangi（宽体瓮）
110. 瓮 독 Tok（甕）

最大号的叫“큰독 /Kheuntok”，俗称“달리골독 /Tarrikoltok”，可以写作“甋”或“鉴”，而这个“鉴”字的来源可以从《陶也備水器大瓮》和《全韵玉篇》[3]中找到。紫红陶制的高五六尺（约 1.67 米至 2 米）的一般都是用来酿酒的；比这个再高二三尺（约 0.67 米至 1 米），两侧加上把手的叫“즁두리”，“즁”是“中型”的意思。此外，比“즁두리”略矮一些，腹部膨胀的叫“빗탕이”。

以上这些器具，都是口沿细薄圆形的，有宽度约为 2—3 寸（约 6.67 厘米至 10 厘米）的平缓肩部，这些被称作“독”“드무”等，其中的“독”多为细长形，“드무”是短粗形。即使同样为“드무”，朝鲜半岛北部习惯将口部收缩，南部则使其口部扩大。是图所示朝鲜半岛北部的制品，高三四尺（1 米至约 1.33 米），用来储存水，属黑色

3 《全韵玉篇》：李氏朝鲜第 23 代国王纯祖（1790—1834）在位时，仿照《康熙字典》体例制定的汉字字典，收录字数约为《康熙字典》的五分之一，为近世韩国最具权威性的字典。——译者注

一二四
항아리뚝경
소래기
一二三
大甕
一〇七
빗당이
一〇九
쥬두리
一〇八

물두무
벗치
一一五
독
동이아래
뭇독

111. 水瓮　물드무　Multeumu

112. 水瓮　물톡　Multok

素烧。

同样是储水用具，“독”有时也被俗称为“몰독”，高四尺左右（约 1.33 米），多为红黑陶制成。“Tok”据说是按照朝鲜半岛最古老的传统而烧制成的，无论从它的形状还是材质来看，都可以看到“新罗烧[4]”的影子。普通的“독”高度大约三尺（1 米），主要用于酒或酱油的酿造，材质为黑色的素烧，但是比瓦器硬度更高，即“독그릇 / Tokkeureut”。此器物对应的汉字，按《训蒙字会》[5]来说是“瓯”或“瓮”，大型的为“瓯”或“瓯子”，小的为瓮，但平时并没有什么区别，多用“瓮”字。这一类器物都配有盖子。

4　新罗烧：约在公元 1—3 世纪从中国传至朝鲜半岛，以不完全燃烧为手段的灰陶类炻器的总称，至公元 918 年高丽时代，一直是朝鲜半岛陶瓷史上的重要支柱。——译者注

5　《训蒙字会》：李氏朝鲜时代著名教育家、语文学家崔世珍（约 1473—1542）于 1527 年编纂的一部著作，用韩文对 3360 个常用汉字进行了注音和释义。现行的韩文字母名称和排列顺序就是在此基础上补充修订的。——维基百科

113. 소래기 Soraiki（盆或盖）

114. 항아리뚜껑 Hangarittukköng（瓮盖）

115. 浅缸 벗치 Pöchchhi（浅大钵）

116. 水瓮台 동이야래 Tongiarai

117. 桶状大钵 두멍 Tumöng

118. 水瓮 동이 Tongi（水汲瓮）

水瓮用的盖子大多为木制，酿造用的场合则使用陶瓷器的。这包括“소래기”和“항아리 ㅅ둑”，写作“盆”“甍”“大盆”等，除去作为盖子的功能外，也可当作盆来盛装物品。普通的多为瓦器，根据地区不同也有叫作“큰소리기”或“미소리”的，“항아리 ㅅ둑”当作瓮的专用盖子制作而成，有红黑陶的也有瓦器材质的。有时也作为“벗치”或“소래기”的代用品来使用。

水瓮的台是使用被称作“동이야래”和“물동이자리”等的瓦器做成的。

类似瓮的，更低矮一些，恰似将瓮的下半部切掉的样子，这种器物叫盎，而且与之类似的器物也不少。

比盎的开口更为宽大的则为盆，但将此二者混用的情形也很常见。

119. 素烧钵 자박이 Chapaki

120. 素烧小钵 옹박이 Ongpaki

121. 大浅钵 푼주 Phunchu（大型浅钵）

122. 食所罗 식소라 Siksora（大钵）

123. 典大也 뎐대야 Työntaiya（盥形器）

124. 긔대야 Keuitaiya（片口）

比盎更大的器物称为“瓺”，也有些地区会将此与前面提到的“드무”混用。大釜有时也被称作“두멍”。

比“두멍”稍小的、收口圆身的器物，是一般意义上来说最常使用的器物。器形有大有小，小的叫作“적은동이 /Chökuntongi”，中型的被称为“반동이 /Pantongi”，瓦器比较多。与此器物对应的汉字为“盎”或“盆”，依照《训蒙字会》之说，是“딜동이”“앙”，也有“딜동이”“분”“동이”或“동의”等名称。瓮器有“동이”之意，器形会根据不同的地区而有所变化，有圆筒形的，也有像壶状的束口的，无论哪种，都是主要用来汲水的。

下面谈谈对食品和食材用水进行清洗或浸泡的器具——“瓿 / 자박이”，这也是用红黑陶或瓦器制成，比“두멍”更小更浅。如果比这再小一些，没有把手的叫“옹박

125. 溺器 긔디동이 Keuitaitongi（口付瓮）
126. 缸 항아리 Hangari（壶）
127. 동방구리 Tongpangkuri（一种壶）
128. 빗두리 Paitturi（一种壶）
129. 有盖罐 합빗두리 Happaitturi（口付瓮）

이”。“옹”是瓮，用途与“자박이”相同。

还有与瓷器制的盆相当的“푼주”“식소라”“뎐대야”等，这些都是用于盛放食品等。近年来出现的脸盆形的搪瓷盆受到大众欢迎，就是这类器物的替代产品。

此外，有一种带嘴儿的“대야”，被叫作“긔대야”，也就是日本的“片口”，汉字写作“匜”。此器物内的液体会从孔内流出，比较适合用来做酱油壶，也比较适用于液体转移。

还有一种“동이”，也是带口的“긔디동이”，这是将尿液存下，运到田地里的器物，尿液倒入麦田中当作肥料。

壶类的通称为“항아리”，根据它们不同的形状、特性以及用途，会冠以不同的名称。《训蒙字会》中提到，“항아리”写作“坛”或“罈”，《全韵玉篇》中解释：缸即为长颈的瓮，同“瓨”，很容易与瓶混淆。原来瓶与壶就是很近似的器物，《训蒙字会》中说：大者为瓶，小者

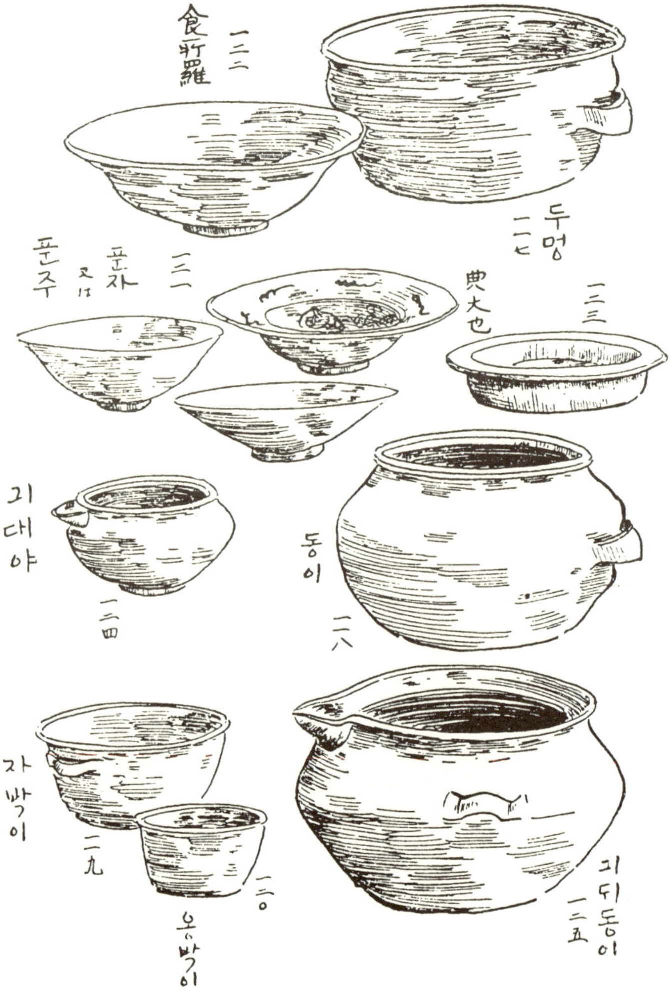

一二二
두멍
一二七
푼주
푼자
一二一
一二三
귀대야
一二四
동이
一二八
자빡이
一二九
귀때동이
一二五

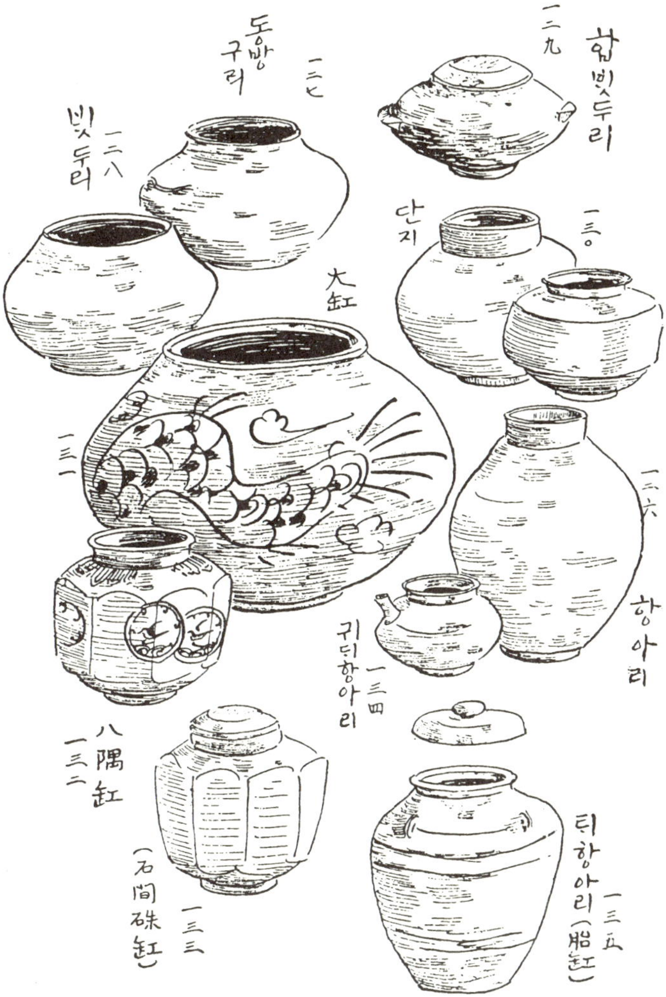
一三九 합빗두리
一三七 동방구리
一三八 빗두리
一三〇 단지
大缸
一三一
一三六 항아리
一三四 귀듸항아리
八隅缸 一三二
(石間硃缸) 一三三
틔항아리(胎缸) 一三五

130. 단지 Tanchi（一种壶）

131. 大缸 디항 Taihang（大壶）

132. 八角缸 팔모항아리 Phalmohangari（八角壶）

133. 石间硃缸 셕간쥬항아리 Syökkanchyuhangari（铁釉壶）

为壶。在朝鲜语中，"항아리"并没有对应的"壶"这一汉字，但是我们习惯了将"壶"读作"TSUBO"，在本书中与"缸"同样使用。

在壶形器物中,陶质的有"동방구리"(盆)、"항아리"等,"항아리"有盖的话就叫"합빗두리"。这些都是俗称，是由于器形的浑圆或壶身的膨胀感而得来的叫法。目前，这些器物主要用来腌制泡菜，盛放豆酱、蜂蜜等。

与此同样的器物"단지/甎"，用来存放蜂蜜，大多为瓷器。

还有叫作"大缸"的，就是比较大的圆形的缸，这类器物都是由白瓷制成，有些用铁砂绘制龙纹或花草等装饰，但绝大多数是素面的，主要用于腌制螃蟹等泡菜。

八角的器物叫作八角缸，用铁釉的称作"石间硃缸"，其命名是与器形和使用的釉料直接相关的。

还有一种，壶身的侧上方开一个口，用来存放胎衣，叫作胎缸。胎缸的特征包括肩部有横线，而且具有耳和附

134. 带嘴罐 귀디항아리 Kuitaihangari（片口壶）

135. 胎缸 티항아리 Thaihangari（胎盘壶）

136. 瓶 병 Pyöng

137. 大瓶 디병 Taipyöng

138. 기름병 Kireumpyöng（油瓶）

139. 촛병 Chhoppyöng（醋瓶）

140. 물변 Mulpyöng（水差）

141. 장군 Changkun（俵壶）

着的盖子。

容器中最后介绍的是“缾[6]”“瓶”“罃[7]”等门类。这些也会根据其形状、大小和用途等而得到不同的名称，也就是因盛装酒、醋、油、水、尿等而具有独特的形状，有时也有近似或相同的器形。

大瓶是指颈部粗大的白瓷瓶，主要用于装酒或插花。

油瓶是存放食用油的容器，各个地区有不同的形制，如图一三八中展示的是平安道地区常见的样式。

图一三九则是醋瓶，这个是庆尚道地区通常使用的，

---

6 缾：píng，口小腹大的容器。——译者注

7 罃：yīng，长颈瓶。——译者注

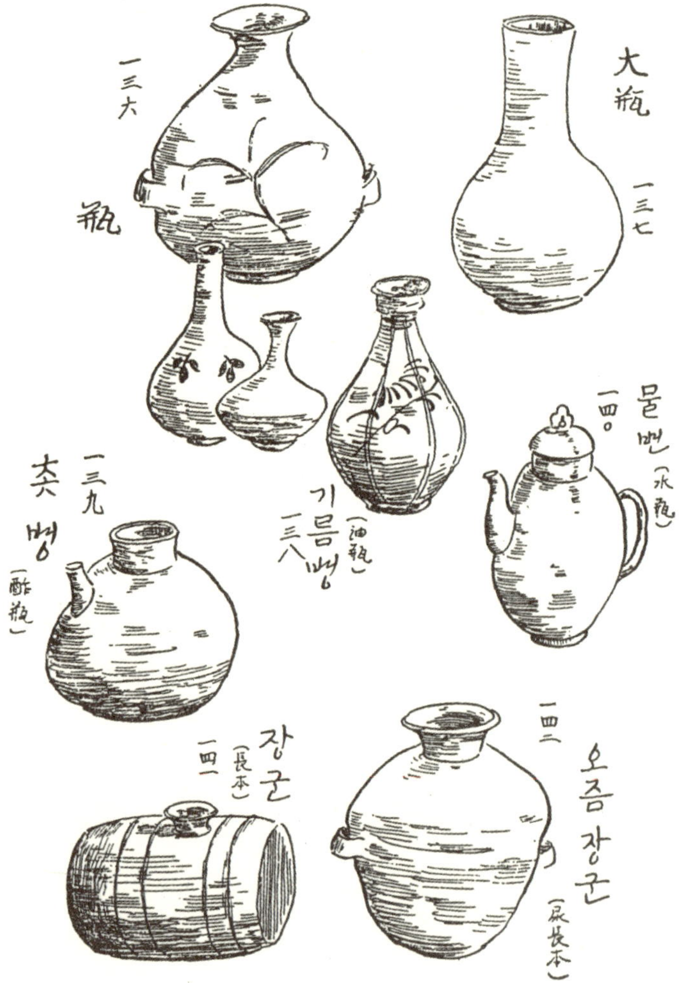
一三六
瓶
大瓶
一三七
一三八
기름병
(油瓶)
一三九
초병
(酢瓶)
一四〇
물병
(水瓶)
一四一
장군
(長本)
一四二
오즘 장군
(尿長本)

142. 오즘장군 Ocheumchangkun（尿瓶）

专门用来存放醋。

水差有时也称作水瓶，此外称作“장군”的则是根据用途不同会放入酒、酱油、水甚至尿的俵形瓶。此物有时也写作“长本”或“张本”，大型的多为瓦器，大多用于盛水和尿，小型的多为瓷器，盛放酒、酱油为多。

根据《六典条例》[8]内记载，攻冶司[9]的年例进排，被收入内局的器物中，有用来盛放江心水的长本23尊，大瓮17尊。这“江心水”为从汉江中央汲取的水，被当作“御用水”，取出后存入这些长本中搬入宫内。

被称作“오즘장군”的则是作为溺器专用的尿瓶。

8 《六典条例》：李太王三年（1866年）为补充《大典会通》而颁布，“六典”为“吏典、户典、礼典、兵典、刑典、工典”，也是李朝最后的法典。——译者注

9 攻冶司：李氏朝鲜王朝时期的一个官署，掌管百工制作、度量衡、金玉铜铁冶铸、皮革木器笔墨等事。——译者注

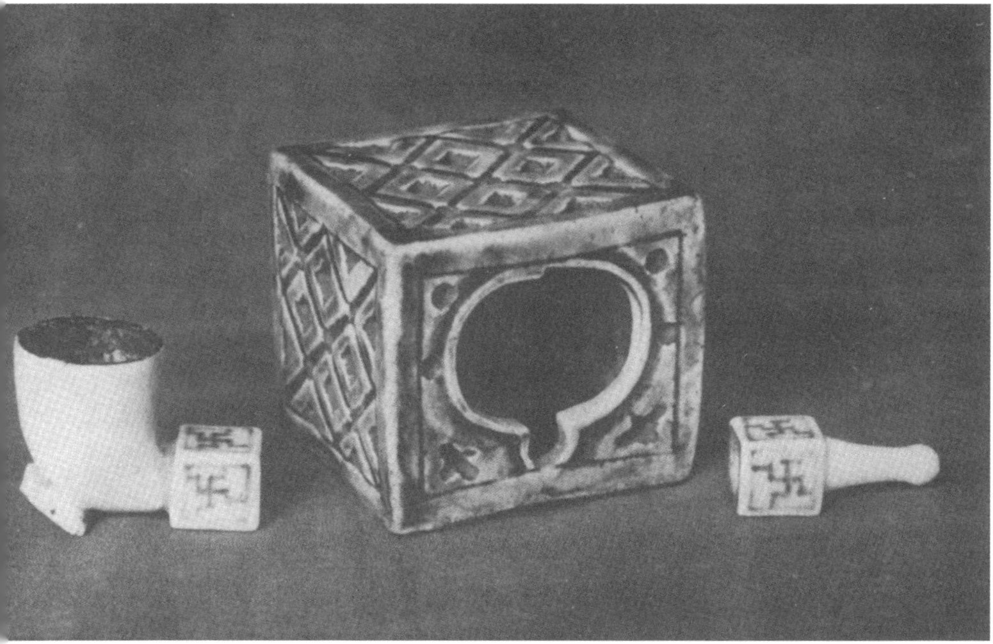

烟具

白瓷青花卍字纹，中央为烟斗台

朝鲜民族美术馆藏

（八）杂器

以上各分类中都未收入的器物在本节中总称为“杂器”，包括乐器、烟具等器物。

在传统的雅乐的乐器中，有缶和埙等，均为瓦器。因为所谓的乐器大多为在祭祀礼仪活动中使用，也许应该划在祭礼器范畴之内，此处暂以乐器为类聚之。

《全韵玉篇》中解释“缶”为“盎也，大腹敛口。秦人鼓以节歌”。原本似为储酒之器，敲击之伴歌，不必过多解释了——此物从中国传来。

《乐学轨范》[1]中记载如下：

乐书云土音缶立秋之音也古者盎谓之缶则缶之为器中虚而善容外圆而善应中声之所自出也唐尧之时有击壤而歌者因便鄭以麋輅（力各切生革缕）冥缶而鼓之是以易之盈缶见于比用缶见于坎鼓缶而歌见于离诗之击缶见于宛丘是缶之为乐自唐至周所不易也昔秦赵会于渑池赵王为秦王击缶亦因是已（注云赵王使秦王击缶）孰谓始于西戎乎先儒

1 《乐学轨范》：李氏朝鲜成宗朝时期音乐理论家成伣等主持整理的典籍，详细记载了乐律理论和雅乐、乡乐、唐乐的乐曲、乐谱、乐器、乐队、舞蹈、服装、道具等，共九卷。——译者注

143. 缶 부 Pu（一种乐器）

144. 埙 훈 Hun（乐器的一种）

之说一何疏耶徐幹曰听黄钟之音知击缶之细则缶之乐特其器之细欤注云——曰形如足盆——曰形如覆盆以四杖击之

按今轩架图缶之数凡十每一各用一人击之各准于律乐书有八缶贝黄钟一均之声排列于床上则一人必专击十二律赵王请秦王击缶则其为一人击之明矣今之十缶各用一人击之恐误且黄钟一均宜用七律而置人缶今之轩架图宜用十二缶而用十缶亦未可知缶以瓦土燔造以厚薄定律

在朝鲜语中,“缶”字写作“딜”“장군”或“부”。“딜”是“瓦器”之意,“장군”是盛放酒的器具。由此可以得知此字所说的材质及形状的特点,强调“缶”是陶器烧成的,并且很多与陶瓷器相关的汉字均使用“缶”作为偏旁,一直流传到今天依然如此,使现代人也可以联想到这些器物自古以来便具有这一属性。

埙是一种吹奏乐器,是笛的一种,读作“훤 /Huŏn”,这也是非常原始的一种器物。

《乐学轨范》中涉及埙的记载如下:

周礼图云埙状如秤锤以土为之诗作壎○乐书云埙之为器立秋之音也平底六孔水之数也中虚上锐火之形也埙以水火相合而后成器亦以水火相和而后成声故大者声合黄钟大吕小者声合太簇夹钟要在中声之和而已注云埙六孔上一前三后二

按埙无定制以瓦土为之阔夹失中或燔造生熟不同故声音不齐必多数造之准于律管而用之

储存钱的器物叫“벙어리”,这种器物“只进不出”,就是只能将钱投入,但不能取出,这样就自然达到储蓄目的了。到装满时,须打破器物方能将存在其中的钱取出,

145. 𤭖 벙어리 Pöngöri（存钱罐）

即所谓“扑满”박만 /Pakman。

咸镜道生产的烟袋有很特殊的烟斗部，有素烧的，也有挂釉的，受到朝鲜半岛北部农民的喜爱。由于这样的烟斗的烟嘴部分由白玉般的材质制成，所以没有同样材质的陶瓷烟嘴。

与普通的烟袋同样制作，却少见白瓷器制成的，这在朝鲜语中叫作“담비ㅅ디”，或简称为“대 /Tai”。

除此之外，双六[2]的骰子、象棋的棋子等也有一些使用瓷器制成。

2 双六：一种棋盘游戏，双方依照掷骰数字挪动 15 个棋子，先使棋子全部到达目的地者为胜。——译者注

146. 烟锅 고북통 Kobulthong（陶制雁首）

147. 烟袋 담비ㅅ디 Tambaittai（烟管）

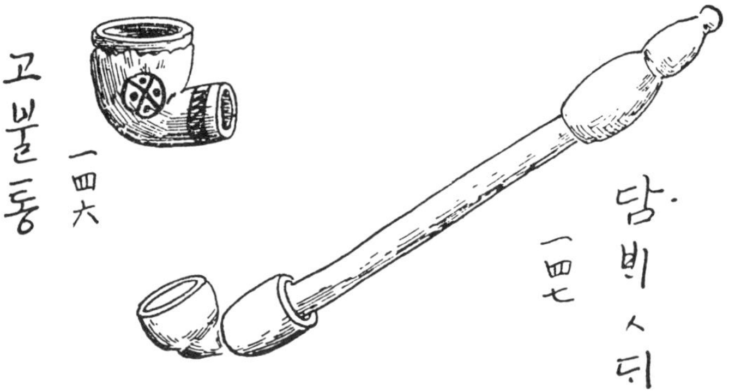

（九）建筑用材料

建筑上使用的由陶器制成的材料非常多，主要是官用居多，政府中专门设置瓦署，在直营工厂烧制所需的砖瓦，此外还管理从地方征集上来的砖瓦类贡品。瓦署下辖四十名瓦匠及四名杂工匠。

《六典条例》一一制定砖瓦等的尺寸，表述如下：

常瓦一百四十讷燔造自三月始役九月毕役而捧上时郎厅亲自检饬女瓦之腹夫瓦之背皆印公字或有不准尺不善燔者一一破碎俾勿混杂匠手及责人治罪。

三大物种（大瓦、方砖、防草）燔造后郎厅如法照检女瓦之腹夫瓦之背必令牙炼使之光润。

唐女瓦亦使一一牙炼。

如上所述，可看出当时的管理是相当严格的。

由于涉及进贡的物品，各种类器物的结算支付等需要依照规定严格换算，为方便参考，列举如下：

各样瓦砖并用常瓦准折会减

大方砖一张代六十张，半方砖一张代一张，唐瓦一张

148. 女瓦 암키와 Amkhioa（平瓦）

149. 夫瓦 수ㅅ키와 Sukkhioa（天瓦）

代一张半，唐防草一张代三张，龙头、鹫头、吐首、畑家各一张代一百张，杂像一张代五十张，盖覆大方砖一张代六张，北首、云角曲瓦各一张代一张，中瓦一张代二张

一般来说，在李氏朝鲜时代，砖瓦类从纹样上来看，不如新罗、高丽时代那么精致。举例来说，像瓦当这样比较一目了然的精巧优美的器物就相差明显，作为大型建筑的一部分已经足够，这种“大致合格即过关”的作风反而有不错的效果。尤其是龙头、杂像等置于屋顶的，完全具有女性头饰的功能，会提升整个建筑的品格。

还有墙壁和屏障，使用砖石构成文字或十长生图案，也是经常可以见到的朝鲜建筑的美学追求，为建筑平添了一些美好和温馨的气氛。

在建筑材料中，最重要的当属瓦、甓和砖。瓦用于房顶，甓用于墙壁，砖作为基础来使用。根据使用的位置不同，它们还会有不同的形状。

我们首先来看一下普通的瓦，有“女瓦”和“夫瓦”

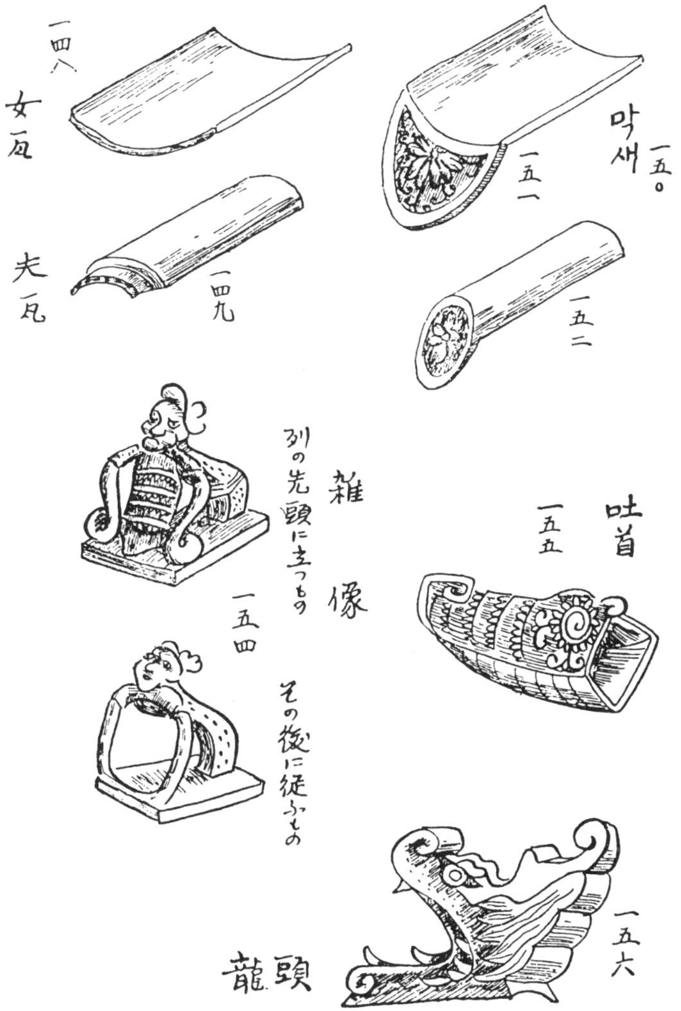
一四八
女瓦
막새
一五〇
一五一
夫瓦
一四九
一五二
列の先頭に立つもの
雜像
一五四
その後に従ふもの
一五五
吐首
龍頭
一五六

150. 出头瓦 막새 Maksai（轩端修葺瓦）

151. 平出头瓦 암막시 Ammaksai（前端用平瓦）

152. 天出头瓦 수ㅅ막시 Summaksai（前端用天瓦）

153. 瓦当 와당 Watang

154. 杂像 잡샹 Chapsyang（一种屋顶装饰）

155. 吐首 토슈 Thosyu（一种屋顶装饰）

156. 龙头 룡두 Ryongtu（一种屋顶装饰）

157. 鹫头 츄두 Chhyutu（一种屋顶装饰）

两种。"女瓦"幅宽，朝上仰置排列；"夫瓦"幅窄，呈半筒状，扣置于两排女瓦中间。前者也称作仰瓦、牝瓦、瓪、瓴等等，后者则有天瓦、牡瓦、甂、童瓦等别名。

以上两种瓦通常一起使用，但是在屋顶前侧使用时，会采用特殊形状的瓦，称为"막새"，其中也有牝牡之分，牝瓦叫作"암막시"，牡瓦称"수ㅅ막시"。

这些女瓦和夫瓦均附有瓦当，瓦当上有各种纹饰或字符，对古代瓦的研究多集中于此。

也归属于瓦类的变形器物称为"杂像"，即"脊兽"，分别为吐首、龙头、鹫头、烟家（烟囱出口）等。

脊兽最初是配置于宫殿的房顶角脊上，为身着铠甲的猿猴的形象等。

一五七

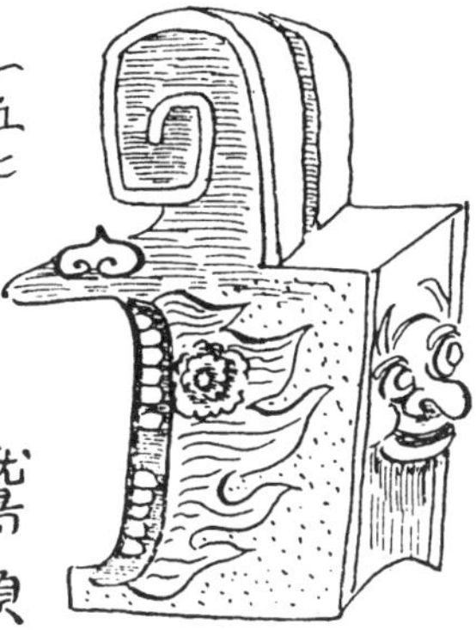

鷲頭

一五八

煙家

一五九

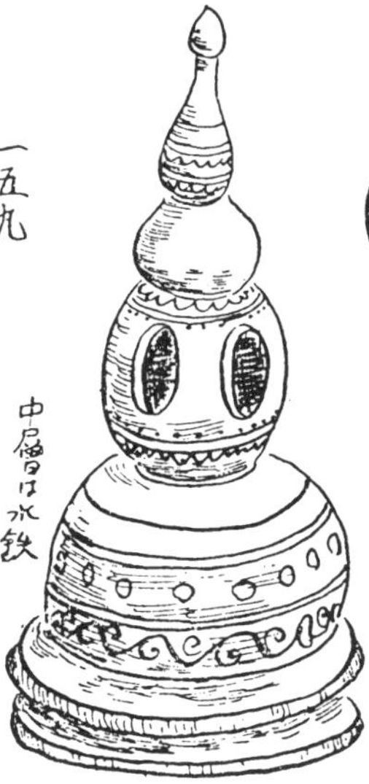

節瓶桶

中層は水鉄

158. 烟家 연가 Yönka（屋顶烟囱）

159. 节瓶桶 절병통 Chyölpyöngthong（一种屋顶装饰）

160. 琉璃瓦 청기와 Chhyöngkioa（青瓦）

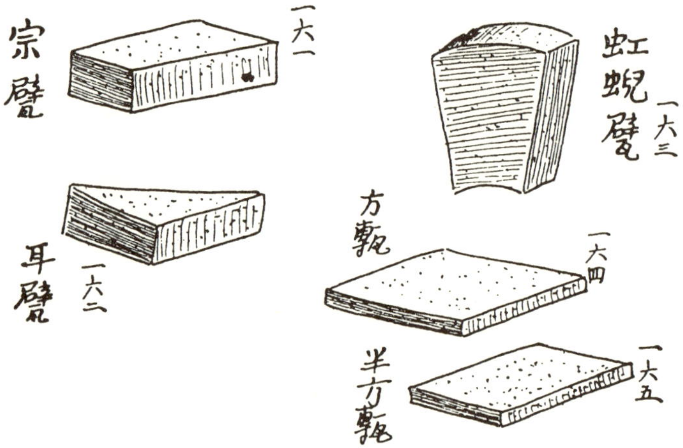

吐首安置在宫殿的角脊的最前端，龙头多位于大山脊或角脊的前部，鹫头在大脊的两端，鬼脸的一面朝向外。

烟家则是一般民宅在烟囱上安装的以装饰作用为主的器具，多为房屋状瓦器，也称作“甓”。在宫殿等的构造上，类似民宅的“烟家”，在大脊中央位置多有一“宝瓶”构件，称作节瓶桶，在亭及楼阁等建筑顶部常见。

质地坚硬、挂有绿色交趾釉的瓦被称为“青瓦”，为

161. 宗甓 종벽 Chongpyŏk（矩形甓）

162. 耳甓 이벽 Ipyŏk（三角甓）

163. 虹蜺甓 홍예벽 Hongyŏipyŏk（扇形甓）

164. 方砖 방전 Pangchyŏn（四方铺地砖）

165. 半方砖 반방전 Panpangchyŏn（半块大方砖）

王宫专用，但也有赐予寺庙使用的，至今可见于正殿的顶上。

甓，也就是相当于砖，用于墙或拱门、台阶、铺院等，根据不同的用处，被分为宗甓、耳甓、虹蜺甓等。

砖类中的敷瓦，即铺地砖，别名是盖甓，使用比较多的是方砖，但是大小不同。如果把方砖对折，则为半方砖，以适应特定场所使用。

三、与陶瓷器相关的名称

（一）窑厂及制陶用具

在李朝时期，陶工都是世袭的。尤其是对于官窑的沙器匠，《经国大典》中写道："司饔院沙器匠人之子嗣不可使于他业，以使其业得以世传。"此习惯流传很久，大致到今天也依然有很重大的影响。当然，自幼便耳濡目染有助于习得此道，如果从事其他行业的人转行来做陶工，也一定会如被斫去手足般寸步难行。因此，广泛分布于朝鲜半岛各地的窑厂，无论新老，很少是由当地土著经营的，大多为由陶工主宰，因燃料、陶土的需求等而迁徙产生的，只不过是有延续时间的长短的差异。

因此，散落在各地的陶工们都有他们各自的严格的系统，陶工们各自的出身以及先祖的籍贯，大多为广州、青松、闻庆、扶安、高敞、凤山、成川、明川等地。如果进一步研究其起源，也许结局无非就归为二三根本。这与下面将要讲述的窑的构造、器具等自然归类有直接关系。

例如，朝鲜半岛西部地区的瓷器窑厂为所谓的割竹形登窑[1]，南部地区多为圆形登窑。在李朝陶瓷器中，影响深远的分院及鸡龙山窑均属于割竹形登窑，均称沙器釜。

若说陶器，大多简单地使用隧道窑，但是，在隧道的下部加柴口附近的关键是特殊的弯曲，窑的顶部中央则稍微低垂，如骆驼的驼峰那样。这些窑都被叫作瓮器釜。还有砖瓦及瓦器类使用单一的圆窑来烧制，属于瓦釜。

在朝鲜语中，在用到“窑”字时，大多用“釜”来表示。此字在官方文件中也多有出现，意义上与日文中的“Kama/가마”是一样的。例如叫作釜山的地方，大约是从“倭馆[2]的陶窑”而来。

还有就是这些匠人还会根据烧成的器物来分为沙器匠、瓮器匠及瓦匠，再细分，则会有造器、分水、火匠等分工。在小型的窑厂中，这些工种综合于一家人，共同劳作，强壮者主管拉坯、烧窑等工序，老幼妇孺则担当或辅助施釉、制不（dǔn）、干燥等工序。当年分院繁盛的制陶景象可从《分厨院报誊》中窥见。

---

1 登窑：依山坡丘陵等顺势而建的长形窑，利用重力和空气对流等可一次性烧制大批器物，大致分为单室和多室两类，源于中国的“龙窑”。——译者注

2 倭馆：15 世纪李氏朝鲜初期接待从日本到达朝鲜的人的类似会馆的机构，后来逐步发展为商贸机构，在朝鲜多个城市设立。——译者注

分院应役数爻

监官	一人	监督员
员役	二十人	书记
使令	六名	小使
边首	二人	巡视
造器匠	十名	成坯方
磨造匠	十名	完成或修正方
干火匠	十名	干燥方
水飞	十名	碎土、筛洗、除水
炼正	十名	土炼
站役	十八名	手直
火匠	七名	釜炊
助役	七名	釜炊补助
釜户首	二名	釜炊头
览火匠	二名	火候把握
画青匠	十四名	描绘
炼正	二名	釉料调制
着水匠	二名	施釉方
破器	二名	甄选
工抄军	一百八十六名	以下杂役
许代军	二百二名	

运灰军	一名
浮灰军	一名
水土载军	十名
水土监官	一名
收税库直	一名
路卜军	二名
监考	三名
进上结卜军	十名

以上合计调动了五百五十二名从业人员，从此可见当时的开窑盛况。

接下来将上述的造器、磨造、画青、着水等各工艺匠人的具体工作场所在阁令（工作间）中找到对应，按照规定的周长及厚度制造土墙，根据需要在必要的位置开设小窗，在室内设置温突以调节干湿度，在冬季作业时使用。在阁令中有如下要求，参照图示举例说明。

在室内工作间设置有水簸场、土置场、辘轳场、炼土板、干燥场、釉料调制及施釉场等，有些地方也将水簸场安置于室外。

辘轳以分院制的最为著名，材质以榉木为最佳，其芯材采用檀木或白桦制作。另外，为了帮助芯材和台的摩擦

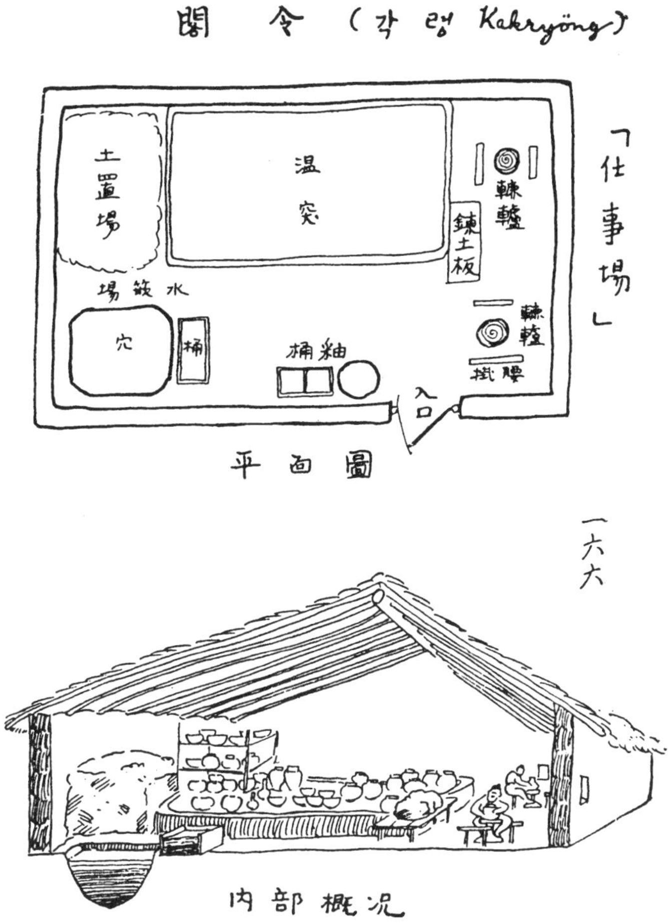
閣令 (각 령 Kakryöng)
土置場
温突
轆轤
鍊土板
仕事場
水簸場
穴
桶
釉桶
轆轤
腰掛
入口
平面圖
一六六
内部概況

166. 阁令 각령 Kakryöng（工作间）

167. 辘轳 믈네 Mulnöi

168. 轮台 륜디 Ryuntai（辘轳）

169. 条凳 안질ㅅ개 Anchilkkai （坐凳）

170. 揉土板 압증널 Apcheungnöl （炼土板）

171. 栈板 잔판 Chanphan（棚板）

更加润滑，其接触部采用瓷器来替代。制作小型器物的辘轳，可将平台安置于地面并持平，进行操作；如欲制作如瓮那样的大型器物，须在地上挖掘出凹坑，让辘轳的最上面与地面基本持平。操作安置于地穴中的辘轳时，在一侧地面安置木板，可让匠人坐在此处进行工作。如果辘轳安置的位置较高，则在其两侧更高一些的位置设置坐板，以便匠人坐下操作。

炼土场与辘轳场相距不远，打桩入地，如桌子般将木板放置于木桩上。

将成坯的器物排列摆放到长板上，以便干燥及搬运，此板称为“栈板（坯板）”，一般由红松制成，使用厚五六分（约 1.67 厘米至 2 厘米）、宽三四寸（10 厘米至约 13.33 厘米）、长六尺（2 米）左右的板材。

水簸场由凿地成池的沉淀池和泥水桶等构成，“水簸”

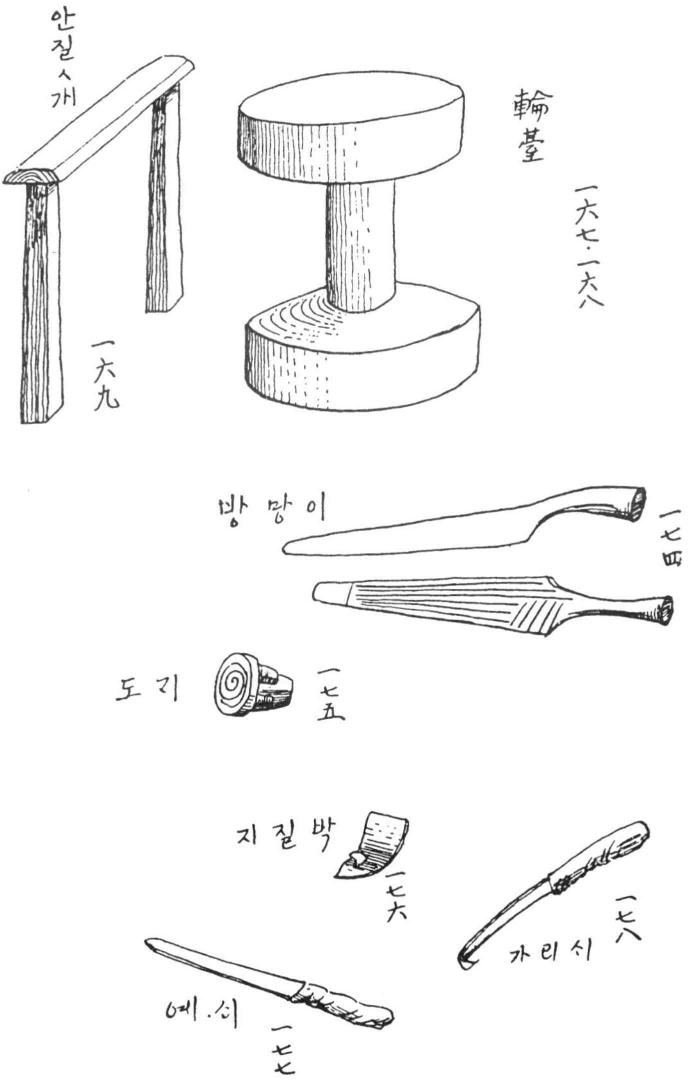
안질ㅅ개
一六九
輪臺
一六七·一六八
방망이
一七四
도기
一七五
지질박
一七六
가리시
一七八
예.시
一七七

172. 沉淀池 탕두엉 Ttangtumöng
173. 泥水桶 귀웅 Kuiung
174. 拍打棒 방망이 Pangmangi（打棒）
175. 修胎槌 토키 Tokai（瓮类内侧修胎用）
176. 修胎器 지질박 Chichilpak（陶器内侧修胎用）
177. 篦子 예시 Yöisai（篦）

的方法是：首先将捣碎的瓷土放入桶中，注水充分溶解，形成泥水，然后注入边上的坑中进行沉淀，将经过澄滤的泥浆上层水分吸出，再收集沉淀于底下的极细的泥浆。

在“成坯”这一工序中要用到的工具如下：制作瓮类器具时，需要专用的木棒制作底部，用特制形状的工具拍打制作器身内部，使瓮的内部产生漩涡状或青海波纹图案。

还有，在制作瓷器或小型器物时，需要用木片来达到内侧均匀划一的效果，有时使用葫芦皮材质来制作此工具。

在完成塑形后，将器物从高台上取下时，需使用铁片或木篦来切削。器物在尚未完全干燥时，使用篦状的刨子可造成器物底部的篦纹，有时也会使用前端呈钩状弯曲的器物等。

此外，还有过滤釉汁用的马毛筛，描绘图案或字迹时使用的山猪毛或狗毛笔，在拉坯成型时用来湿润擦拭坯土

178. 铇 가리새 Karisai

179. 陶枕 도짐 Tochhim（台柱）

180. 台 디 Tai（台座）

181. 础器 초긔 Chhokeui（台座）

182. 窑沙 증 Cheung（目砂）

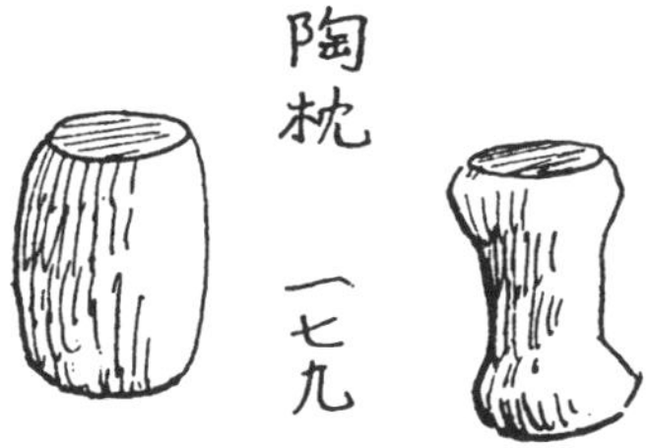

的獐皮，在水簸时搅拌泥浆使用的木制的锄等。这些工具并非只是在制陶过程中使用，在此省略命名。

在组建窑坑时，先在底部铺设二三寸（约 6.67 厘米至 10 厘米）厚的粗沙，在上面排列放置陶枕，然后在上面放置台或其他承载器，再撒一些窑沙，最后摆放四五只碗。

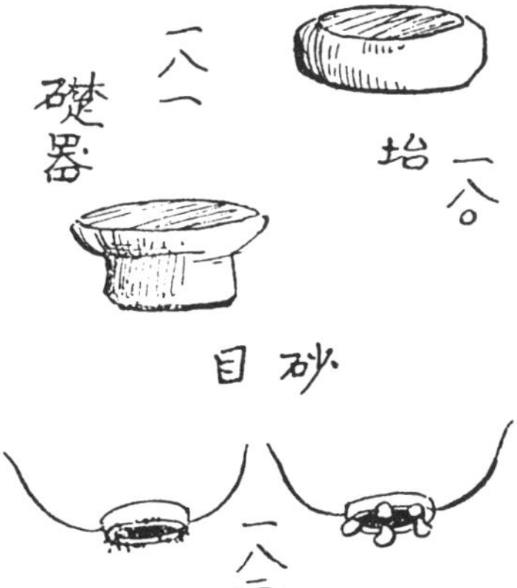

所谓窑沙，即硅石的沙粒，不必进一步加工即可使用，或用几颗耐火土的丸子（支钉）作为垫片。前者多用于粗糙一些的器物，而后者则主要用于精细些的作品，还有就是很多古时的器物也使用后者。

183. 盖皮 개비 Kaipi（被盖）

184. 匣钵 갑 Kap

185. 窑门 가마아궁이 Kamaakungi（焚口）

186. 投柴口 도슈리구먹 Tosyurikumök（薪投入口）

187. 烟囱 글툭 Kulttuk（烟突）

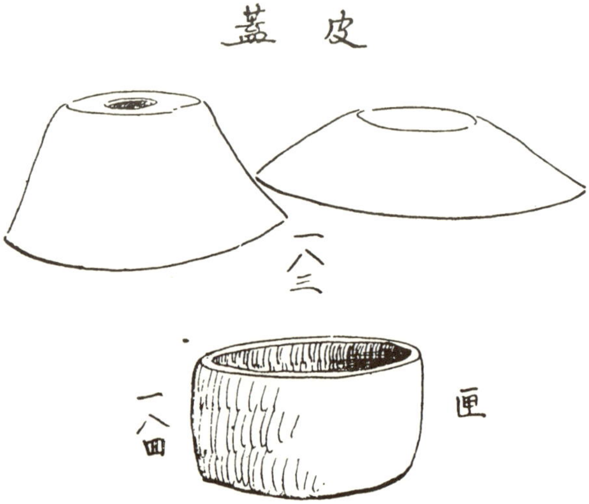

在窑的各个分室下方的投柴口附近，有一排盖皮，如果是烧制极为精细的器物，还会放入匣钵进行烧制。盖皮和匣钵都是用耐火材料制成。

窑的门口有“가마아궁이”“가마아급”“부여동”等各种称呼，各室横侧的投柴口也被叫作“도슈리구먹”。

188. 土坯 누룩두레 Nurukturöi（窑土块）

189. 沙器窑 사긔가마 Sakeuikama（瓷窑）

190. 瓮器窑 옹긔가마 Ongkeuikama（陶窑）

191. 기와ㅅ가마 Kioakkama（瓦窑）

烟囱根据地区不同在各窑口也不是统一制式的，在窑的上方或地面，或者开出数个小门的地方都可见到。

有些地区，在筑窑时，使用的土块很像曲子的团块（曲块），被叫作“누룩두레”。

最后，关于窑的形式，如前所述，大体上可以分为沙器窑、瓮器窑和瓦窑这几类。

192. **白土** 빅토 Pektho
193. **黏土** 진흙 Chinheurk
194. 질 Chir（陶土）
195. 재 Chai（灰）

（二）陶瓷原料

毋庸置疑，在陶瓷原料中，当仁不让地属于首位的应当是“陶土”。但此名称并不是现代社会中表明其性质及化学成分的表达，仅仅是对于白土、白黏土、黏土、瓷土等概括的称呼。为了更好地区别它们不同的性质，大多以产地来命名。因为对于熟知各种陶土性质的陶工来说，最为简单明了的做法便是通过名称来区别陶土原料，比如在陶土中最为著名的“广州陶土”“杨口白土”“晋州白黏土”“昆阳水乙土”等等。根据产地来命名的这些主要的陶土，因为现在并没有足够的标本，很难来进行鉴定，所以现在根据这些地区产出的作品来进行推论，可以推断：广州和杨口是酸性瓷土，晋州是耐火黏土，昆阳则是高岭土。

下面要谈的是釉料。在釉料的调和中不可或缺的材

196. 石灰 석회 Syökhoi
197. 铅丹 연단 Yöntan
198. 盐 소금 Sokom
199. 回青 희희청 Hoihoichhyöng（纯良吴须）
200. 土青 토청 Thochhyöng（吴须）
201. 石间硃 석간쥬 Syökkanchyu（铁砂）

料：用于瓷器的有草木灰、松皮灰、石灰等，用于陶器的则是草木灰、铅丹、食盐等，但其中的食盐主要在挥发釉中使用。

在青花的制作过程中，精细产品中会使用回青料，第一档次的所谓“吴须”则为土青料。在土青中，还有“二青”“三青”等不同级别，但都属于天然氧化钴的矿物质，从中国本土进口而来。进口的行情均价，每斤二青等于三十二匹下地木，每斤三青相当于四十匹下地木，一斤回青等于白银八十两。

再往下谈，便是釉料中的色釉。最具代表性的本土釉料便是“铁砂”，也就是铁釉类，俗称天目、海鼠、柿釉、荞麦、糖色等，鸡龙山的绘刷毛纹以及白瓷的铁釉绘都是使用此原料。

这种原料是一种被叫作“石间硃”的红色土，因富含

202. 朱土 쥬토 Chyutho（红壳）

203. 铁朱 텰ㅅ쥬 Thyölchchyu（代赭石）

204. 石绿 셕록 Syökrok（孔雀石）

氧化铁，亦被称作朱土、赤土、铁朱、土朱、血师、代赭石等，属于红壳类。还有就是利用这种石间硃调制的釉料加工的糖色罐子等，一般会被称为“石间硃罐”。

还有一个釉色的种类被称作“辰砂”，其实这与矿物质的辰砂毫无关系，只是因为这类器物颜色很接近辰砂作品，所以才被如此命名。这类器物的原材料要说起来其实就是石绿，也就是铜的氧化物。所谓的孔雀石，依附到瓷器表面呈现为红色，即是铜的氧化还原色。能够呈现出此红色的陶瓷器具，被称为真红沙器、鲜红沙器、朱点沙器等。

205. 甀瓿 질그릇 Chilkeureut（瓦器）

206. 瓦器 와긔 Oakeui

207. 톡그릇 Tokkeureut（稍硬质的瓦器）

（三）陶瓷的种类

在高丽时期，陶和瓷的区别基本没有，大多统一在“陶”这一个字之下。尤其是“瓦器”这一称呼，直到今天依然被同样使用。瓦器恐怕是自朝鲜半岛有史以来一直存在的陶瓷器，甚至是新罗时代前仅有的器物。但是由于唐、宋以来的陶器制作法的引进，瓦器逐渐被边缘化，到李朝时期已经越来越少。除了一般的水缸、花盆、火钵之外，也就是限于土主缸类的古典器物。这在官窑中属于瓦署辖下烧成的瓦砖类，再扩大范围也不会超过火炉类。瓦器也称作土器，瓮器也称作질그릇 / 甀瓿等。

还有就是比这一类器物的材质更坚硬一些的黑色带光泽的器物，称作“톡그릇”。比较符合的器物如大型的水瓮、泡菜罐等，在烧成时，在焚口投入食盐，通过瓦斯烧成，当然以上的名称经常混同使用。

在瓦器中还有被叫作“缶”的乐器，训读为“부”，

208. 乌只 오지 Ochi（赤褐色硬质素烧风格的陶器）

利用“缶”而组成的文字有罋、缸、缾、罐、罂、罍，即使不会仅仅因材质来定名称，也依然会有因读音接近而造成的文字，而且瓶、瓯、瓮、瓫、瓷等文字肯定是因为瓦器的材质而得出的名称。时至今日，材质方面已经发生了巨大的变化，不难想象，由于瓦器的发展进步而产生了这样名词上的演化。

瓦器继而产生变化，主要是因使用了釉料而烧成的陶器。高丽时代，主要产出高丽青瓷和绘高丽等陶器。但是进入李朝时代，明朝的白瓷得以流行，从而使陶与瓷的区别开始得到认知，陶器大多应用于大型的瓫类，代表性器物如“오지”“칠긔그릇”。

与“오지”相当的汉字为乌只、於芝等，是使用略显红色的釉液、偏硬质的素烧风格器物。所谓釉液也只是名称，光泽很少，表面粗糙，釉液仅简单直接刷到素胎上。乌只的色系到李朝末期，由于在釉液中添加了铅丹，其红色更为浓重，质量也明显下降。由此方法制作出的陶瓷器，从酿造用的大瓫到小型钵盂类，各种各样的器物都有。

209. 칠긔그릇 Chhilkeuikeureut（如漆器般具黑色光泽的陶器）
210. 沙器、砂器 사긔 Sakeui（瓷器）
211. 瓷器、磁器 ㅈ긔 Chakeui
212. 高丽器 고려긔 Koryŏkeui（与白沙器相对应的旧式器）

“칠긔그릇”具有比乌只更加致密的素地，釉面光泽，看上去像漆器般的感觉。原来“칠긔”就是指漆器，是指木器或土器上涂上大漆，随后便被借用来称为漆器，如平时常用的天目、糖色、海鼠釉等陶器那样。从质地上来说，是介于陶器与瓷器之间，明川、会宁等地区生产的陶器也属于此类。

在李朝的陶瓷器中，流传至今仍被深深喜爱的是瓷器。瓷器也写作磁器，通称为砂器或沙器。瓷比陶器更精致，质地更坚实，被命名时即做出了规定。其实到现代有很多人觉得关于陶与瓷的区别很麻烦，但通常来说，不要太成为负担的话，可以这样认定：与陶土相异的是瓷土，与素地、偏黑色系、粗糙的陶器对照的，致密纯白的优质瓷器更占上风。

被称作“三岛手”“粉引”“刷毛目”的器物在陶和瓷中都有，也有介于两者之间的器物，这些命名是根据高丽烧的传统，主要是由于李朝时代发达兴旺的技术手段，

213. 常沙器 샹사긔 Syangsakeui（与白沙器相对应的本地沙器）

214. 青花白瓷器 청화빅자긔 Chhyönghoapekchakeui（青花瓷器）

215. 唐器 당긔 Tangkeui（模仿中国的青花器）

216. 朱点沙器 쥬뎜사긔 Chyutyömsakeui（辰砂器）

217. 石间硃沙器 셕간쥬사긔 Syökkanchyusakeui（铁砂器）

218. 白沙器 빅사긔 Peksakeui（白瓷）

在白沙器/瓷器出现后，与青瓷一起被称作高丽器，或叫常沙器等。尤其是到了后来，这个“常”字给人以粗劣、粗制滥造的印象。

白沙器中用回青、土青等颜料绘有青花图案的器物有青花白瓷器、青花沙器，或干脆就叫作画器。还有中国产的沙器中带有图案的称作唐画器或唐沙器，而且按照这些范本仿制的陶瓷器，即使是朝鲜半岛生产的，也被称作唐器——这在古时分院的记录中可以看到。

还有在烧制沙器时，使用所谓的辰砂色的叫作朱点沙器、赤红沙器，使用铁釉的沙器为石间硃沙器，完全没有图案和纹饰的沙器称为白沙器、粉瓷或白器。

219. 身 몸뚱이 Momttungi（胴）

220. 足 굽 Keup（高台）

221. 臀 밋구녕 Mitkunyŏng（尻）

222. 肩 엇개 Ŏkkai

223. 颈 목아지 Mokachi

224. 口 주둥이 Chutungi

（四）陶瓷器各部分的名称

在研究器物时，有必要将各部分的名称进行统一。在日本，随着茶道的普及，研究者对于器物的考证也得到发展，而且进行了极为精细的分类，给器物的各个部位规定了各种称呼，甚至有很多让外行人看上去完全不得要领的特殊的名称，在朝鲜半岛不会复杂到这种程度。

现在此处描述的是在朝鲜语中的通俗的名称，而且与日本和中国的习惯一样，很多是利用人体为标准编制出来的。也就是说主体部位称为“身/躯干”，下部的所谓的高台部分称为“足”，被足包围的内部称为“臀”，躯干的上部为“肩”，从肩往上变细的部位为“颈”，颈的最上端则为“口”或“嘴”。肩或颈部两侧呈纵向附加的把

229
220
224
223
222
219
226
220
224
222
225
226
219
226
227
220
221
230

225. **耳**　귀　Kui

226. **腹**　배　Pai

227. **把手**　촉자리　Chhyokchari

228. **把**　손잡이　Sonchapi（把手）

229. **流**　귀ㅅ대　Kuittai（注水口）

230. **底**　밋바닥　Mippatak

手状部位称作“耳”，躯干中央膨胀的部分为“腹”。此外从使用方法上命名的有把手、注水口等。还有内侧底部即为“底”。

231. 个、介 개 Kai（箇）
232. 立 립 Rip（个）
233. 张 장 Chang（枚）
234. 双 쌍 Ssang（对）
235. 件 간 Kön（组）

（五）陶瓷器的量词

通常被用来当作量词的是“个”，这与日本一样，用来称单独的器物个数，或者用来计算组合器物的零头。虽有“箇”“介”等写法，但读音都是 Kai。

另外针对大型的器物，如大碟、沙钵等有时会用“立”为单位。

一般在使用“枚”时也使用“张”字，通常是在针对扁平的器物时使用，尤其在对瓦类中的龙头、杂像时也使用“张”字。

同种同型的器物，两个一组时，量词为“双”，“对”也是同样用法。烛台、龙尊等均是约定俗成而成双出现的。

酒杯和杯托以组合形态出现或使用时，称为“件”或“部”，例如“酒盏具台一件”等写法，根据场合不同，

236. 座　좌　Choa（组）

237. 竹　죽　Chyuk（十个单位名称）

238. 讷　눌　Nul（千枚单位名称）

有时也用“座”来表述。

同样形状的器物复数或大量出现的场合，十个为一“竹”，竹是“Chyuk”的谐音字，而且文献中也多见此字。如果在行文中看到“沙钵伍竹捌立”，则是说“沙钵五十八个”的意思。

只有瓦使用的量词为“讷”，这个讷字也是谐音字，通常千枚瓦被叫作一“Hannul”，接近于“讷”的读音Nul。一讷的瓦通常为夫瓦四百枚、女瓦三百枚的配比，在朝鲜半岛能够满足三间房的需求。

（六）记录陶瓷器的记号

所谓陶瓷器的记号，主要是用来区别陶瓷器的产地的地名、制作等级而使用的符号，制作年份的干支，还有就是准备接收的官衙名或宫名，或者官衙将要存放这些器物的仓库名等。

有时也会将作者或拥有者的氏名记载于器物上，当然这样的例子很少。

关于标示的方法，在三岛手及青瓷中，白或黑色的镶嵌标记中，钵、皿在底部，壶类在侧面容易看到的部位标上记号；在白瓷中，传统方法大多是在底部或外侧下方按上识别印记，其他的一般则是在高台内部平时不易看到的地方，利用青花或雕刻来标示。识别印记是在素胎上阴刻而成，线雕则是在釉液尚未烧成时刻下的痕迹。也有一些在烧制完成后的瓷器上进行錾刻，以连续的点来形成谚文[1]。

表明产地的文字，在三岛手多写为“庆州”“金海”“广州”“彦阳”等。

在表示制作器物的等级时，首先，表示“上等”高级

1　谚文：朝鲜半岛被日本占据前的韩文。——译者注

239. 别燔 별번 Pyölpön（别制）

240. 甲燔 갑번 Kappön（上制）

241. 上 상 Syang（上制）

242. 例燔 례번 Ryöipön（普制）

243. 内赡寺 니셤시 Nesyömsi（诸官供上、二品以上的给酒、倭野人供馈、织造等事宜的管理机构）

244. 礼宾寺 례빈시 Ryöipinsi（宾客的宴享宗宰等供馈事务的管理部门）

品时会写上“甲”字。甲是“甲燔”的略语，特制器物被叫作“别燔”，会注上“别”字。

金鑢有诗如下：

饔院用燔瓷　　齐言纯色好
蟾蜍瀞似银　　上品权家造

（司饔权直长中任送甲燔砚滴体质纯白……白瓷砚滴）

此外，表示上等器物的记号还有“上”“进”等文字，这些都是表示器物为上等进贡品的印记。与高级品相对的普通制品称为“例燔”，习惯上将成品冠以“常”字，还有在祭祀用具上会画上青花的圆圈，内写“祭”字。

245. 长兴库 장흥고 Chyangheungko（管理席、油纸等的部门）

表示官衙名称，最为常见的如内赡寺用的“内赡”“内用”或“内”字，礼宾寺用的则写“礼宾”，长兴库用的会写“长兴库”或“长兴”等。这些器物大多为三岛手所产。青花装饰的器物很多会有“履洞宫”“云岘”等宫名的记号，以及被当作仓库名的“天”“地”“玄”“黄”等字。还有一些刻有“左”“右”“司”“大”“青”等文字，可以在窑址的碎片中经常见到。

下面介绍錾刻上去的年份、仓库名、同类的数量等。例如在器物的高台的中间或外侧，会有成列的当地文字，若翻译成汉字则是“戊申”（干支）、“慈殿”（王母用）、“库间”（仓库）、“大中小（器物的大小混在一起）二十件”。

签有作者的名字的器物在乌只的瓮类中可见，大多为涂鸦体的比较随意的文字。

在官用的瓦上可见“公”字。

246. 沙器店 사긔뎜 Sakeuityöm（烧制瓷器并出售的地方）

247. 沙器所 사긔소 Sakeuiso（烧制瓷器并出售的地方）

（七）陶瓷器产地的名称

毋庸多言，为了确定陶瓷器的出产地址，必须要进行详实的窑址考察活动。在依据文献来探索窑址之外，根据地名来进行推断确实是一种便捷高效的做法。令人庆幸的是，朝鲜话的地名中，涵盖了地势地貌、风景、特产、历史典故等可以考据的各种自然元素，当然，由于时局变迁等原因，地名中有的元素失去了意义，从而变成负担，实在是很遗憾的事情。但是对根据旧地名而得名的陶瓷器溯本求源追寻地名，即使是仅限于可以从文献中找到出处的，也差不多有三百个，如果再加上口传的地名，可能会远远超过我们的想象。

首先，我们看到的沙器店或沙器所，即明确表明是窑址，且毋庸置疑为瓷器的窑址，其制作的产品大多为白瓷。因为白瓷在李朝时期开始流行，所谓的“沙器”之称也就是在那时出现的。从根本上说，所谓的窑厂，因为与原料、水利、地貌等因素密切相关且条件苛刻，所以历史上便经

248. 店　뎜　Työm（制造及贩卖瓷器、铁器、陶瓷器等的地方）

常有对某窑厂的再利用和二次振兴。如果在白瓷窑址附近认真地寻找勘查，不难想象，会发现不少的青瓷和三岛手的窑址。如果认真思考的话便可以推断，在这种同一场所，在烧成三岛手瓷器后继而进行白瓷的生产，更多的可能是三岛手的窑口废止了，之后改为烧制白瓷的窑口，这几乎是可以断定的。

再来看一下“沙器”的“沙”字，如果用与其同音或读音近似的字来置换的话，如“砂 / 사”“舍 / 샤”“社 / 샤”“史 / ㅅ”，甚至可将性质相同的关联字“磁 / ㅈ”“瓷 / ㅈ”，以及同音的“自 / ㅈ”等拿来使用。因为在朝鲜半岛，使用近音近义字的习惯比较流行，只要读音相同，可能会拿相差得很远的字来使用。

也许是相同的理由，“器”这个字也会被写为“基 / 긔”“口 / 구”等，偶尔还会听到读成“귀”等音调的。

所谓的“店”，是附属于制造铁、铜、陶器等场所的，有时也被称作“店村”，但绝不是出售杂货的那种商业的店铺的意思，所以才会被叫作沙店、土店、“독뎜”、甕店等，

249. 陶匠谷 도장골 Tochyangkol（陶工村）

250. 甕器店 옹긔뎜 Ongkeuityöm（烧制并销售瓮器的店铺）

251. 독뎜 Toktyöm（烧制并销售瓮器的店铺）

即现在烧制陶瓷器的地方或有窑址的地方，所以有窑址的地方也被称作店土或釜土。

源于或含有以上文字的组合而形成的烧制陶瓷器的部落名，以及和种类、数量相关的名字，有很多。

有一个对于瓷器店的老称呼，叫作“陶匠谷”，这其实也有各种别字的名称，比如将“陶”写为“道/도”“土/토”等等，“匠”字则写作“庄/장”“藏/장”等，“谷”具有山间洼地及小街的意思，有时也写作“巨里/거리”。带有“陶”字的则有“陶村”“陶谷”“陶洞”等，这里“陶村”的“村”的发音是“말”，在用朝鲜字时会写作“马里/마리”。

此外，烧制甕的地方称为“甕器店”，“甕”是古来的字，现在很多时候会写成通假字，如“瓮”“德”“得”“独”等，也就会出现“德村”“德岘”“德坪”“德洞”等新老各异的瓮器窑名。

除了上述介绍的与烧制陶瓷器相关的地名，还有沙器匠谷、沙器담뵬、沙器幕、沙幕、沙器嶝、陶幕、瓮幕、

252. 沙器 담불 Sakeuitampul（瓷片堆积）

253. 瓦冶里 와야리 Oayari（瓦屋的村落）

白器里、沙邱、陶邱、土邱等难以计数的名称，其中还有一些没有形成部落，仅是田地或草原的地名，仅有窑址遗存。

还有含有“瓦”字的部落名如瓦洞、瓦冶里、瓦也里、瓦旨里、瓦只里等，这些地名分布都非常广泛。

（八）日本陶瓷器名称的朝鲜语表述

制陶法是从朝鲜半岛流传至日本的，陶匠也同时从朝鲜半岛移居到日本，这是有明确史实的，因此，毋庸讳言，很多陶瓷器制品的名称也是从朝鲜语源中来的。明确这些词语之间的相互关系是一桩非常有意思的事情，经过长年岁月，直到今天，依然有很多未解的谜团。究其原因，可能是在这些语言的流传过程中，有些时候有杜撰，有时又突然产生新的词语，想搞清楚这些细节是很不容易的。

甚至还有这样的例子，现在在朝鲜语中最为普遍使用的俗语有“Chiepal”这个词，在困惑的场合，或是窘迫的时候，会有“麻烦了！”或“还是不成”的含义。这样，日本人会认为是朝鲜语，朝鲜人甚至当作日语来考虑，而实际上却不是这样的。

关于此语的起源，有各种各样的说法。一般来说，是李氏朝鲜公布了男子的“断发令[1]”时，引发了长年的习惯被剥夺的苦恼，大部分国民拒绝断发，甚至有人感到痛苦。

1　断发令：1895 年 12 月，亲日的朝鲜金弘集政府仿效明治维新的“散发脱刀令”颁布诏敕，要求所有朝鲜成年男性剪去发髻，这受到大多数朝鲜人民的抵制，导致发生“乙未义兵起义”，推翻了金弘集内阁，断发令遂被废除。——译者注但是政府完全置民情风俗于不顾，强制推行，政府人员手持剪刀立于城门旁，随时在路边对行人剪发，听说还引起很大的骚乱。在这里“剪发”的读音为“Chyöipal”，被代用为“麻烦啦！”的含义，直到今天成为日本人和朝鲜人共同的俗语。但其中有值得怀疑的部分，如果此语词仅仅是源于朝鲜语的话，便不可能会被误认为源于日语。在此插入一段讲述，可以来解开这个谜团。

在中日甲午战争前后，从日本列岛渡海来到朝鲜半岛的日本人，为了学习朝鲜语，会反复吟唱“金碗（日语读音为 kanawan，即周钵）/ 쥬발”这样的句子，在该说“不可能实现 / 叶はぬ（日语读音为 kanawanu）”的时候便调侃地说出“周钵”也就是 Chyupal，Chiepal 从此而来。

还有一种说法，那时日本的士兵进入了朝鲜民家，躲到厨房里避难，房屋的主人面对这种意料不到的闯入者当然会发问，但是日本兵不知道该如何回答，没有办法，便用手指着那里的金碗说“kanawanu”，主人慢慢明白了，不再追究而退出。房屋主人一知半解，大概明白对方说的意思，此时的尴尬被指为“周钵”也就是 Chyupal，这种用法逐渐被传播开。这个传说的真伪暂且不论，这样的情景符合当时的语境。话题有点跑偏了，但是无论怎么样，微小的事情可能创造出一种词语这样的例子还有很多。当然，在陶瓷器领域里，这样的事情一定很多。

首先，“高丽茶碗”这一词语在日本的茶人中间早已通用，但是如果认为这是“高丽时代用来喝茶的碗”就大错特错了。为什么这么说呢？因为这些器物绝大多数是李朝时代的产品，而且在朝鲜半岛，也不会使用它们来喝茶，绝大多数其实是属于餐具的。尤其是在李朝，在接见外国使臣时，虽然有所谓的“茶礼”，但是在文献当中经常见到，这些茶礼是使用茶盅和茶瓶的，很可能和现在的饮用煎茶的方式一样。那么如何来解释“高丽茶碗”的含义呢？所谓的“高丽”只是泛指朝鲜半岛烧制的茶碗。最初使用这个名称的人，并没有认真考虑过“高丽”和“朝鲜”的区别，凡是朝鲜半岛这块地方总是叫成高丽。正如在外语中这里确实还是被称为“Korea”，就像朝鲜人无论何时，总是将产于中国的陶瓷器称为“唐器”，将朝鲜半岛产的陶瓷器称为高丽陶瓷，在古时根本没有人刨根问底做历史考证，年代被混用，完全是情理之中的事情。

我们来说说茶碗，刚刚上面已经讲过，漂洋过海来到日本的那些所谓的茶碗，原本并不是用来喝茶的茶器，那么在朝鲜语中，它们的名称是什么呢？大多写为“瓷碗”或者“沙瓷碗”，在文献中散在出现。这些器物是比沙钵小一些，比甫儿或盅子稍大一些，比现代用来吃饭或喝茶的碗再大一点的碗。在这个地方，“瓷”读作“Cha”，与我们的“茶”的读音完全一致，也许因此我们才将它的功能移植到茶事上吧。因为在日本也存在着诸如“吃饭茶碗”“茶吞茶碗”等不合理的名称，在这样的场合，茶碗的“茶”字如果改为“瓷”字，则会更加明确其意。

下面要说的是“德利”，被当作瓶子的通称。用日语的读法会觉得远不是器物的名称，但是从朝鲜语的角度来考虑，“德”字“독”是“瓮（甕）”的意思，在朝鲜半岛有瓮窑的村子经常会带有“德”字，朝鲜语中“독그릇”读作“Tokkeureut”，为瓮器的意思，也有“陶器”的含义，所以与“瓶子”这一名称似乎关联性很强。此外，还有一种说法：“瓶”与“贫”字读音接近，容易产生联想，为避讳或忌惮“pin”而选择了“德利”来命名。

所谓的碗，好像是从汤钵“Thangpal”演变而来。“汤”就是“羹汁”的意思，汤钵就是朝鲜荞麦面店、汤泡饭店里面使用的钵的名称，这类器物在今天仍为日常使用的大碟或“툭배기”等。

此外，“猪口[2]”源于朝鲜语的盅瓯（종구/Chy-

---

2 猪口：日本饮食活动中，在吃荞麦面等食品时，将盛放蘸料的陶瓷制杯状器叫作猪口；还有的将小型酒杯也称为猪口。——译者注

ongku)，“匙”则可能源于茶匙。还有在朝鲜语中，瓷制的汤匙一般称为“沙匙 / 사시 /Sasi”。“乳钵”应该是从“碾钵 / 년발 /Nyönpal”演化而来；在瓷器中叫作“沙钵”的器物名与铜器的相同，出现的“砂张建水”等称呼则已为杜撰之物。

如上所述，日本旧时即使用的很多陶瓷器制品的名称包括盘——sara，坯——tuki，鋺或盌——mari，坩——tuba，甕——mika，罇——tari，瓶——kame，𤭖——ha-sou，斋瓮——iwaibe，忌瓮——iwaibe等等，此外按音读的称呼有碗、钵、罐、盒、炉等等。非常明显的是，这些器物从朝鲜半岛或中国传来时，器物和它的名称同时沿用至今。

在茶碗的种类名称中，有经常会发生问题的地方，有很多难以解决的。例如三岛、刷毛目、井户、伊罗保、斗斗屋、熊川、吹墨、金海、坚手、柔手、雨漏、粉引、御所丸、御本、吴器、半使、笔洗、割高台、黄高丽、柿高丽、柿蒂、云鹤等等各种各样的名称，这些大多在朝鲜语当中寻不到源头和根据，大多是据从朝鲜半岛输送到日本的途中的路径、相关的地名，或器物的形态、釉色的变化等因素而命名的，能够正确地表示其产地、时代的名称几乎不存在，只能期待日后进行研究了。

四、结语

以上行文，将陶瓷器以及与之相关的名称进行了解说，在终结此文稿之时，我希望将朝鲜半岛对于陶瓷器的保管方法以及其将来情况添笔于此。

朝鲜半岛的气候，由于受到大陆的影响，冬天通常都是极为寒冷的。京城的最低温度在一冬中会数次下降到零下二十摄氏度以下。这样的严寒对于陶瓷器来说是一种巨大的威胁。正如前文食器部分的论述中所言，在冬季使用铜制的餐具，是源于生活经验的积累且对陶瓷器进行保护的一种习惯。此时用于腌菜和储水的瓮等，或包裹上草席，或埋于土中，都是很通常的做法。有些对这些风俗习惯丝毫不了解的外国人，误将屋檐下院子中埋放的腌菜瓮当作人们积攒肥料的器物，闹出很尴尬的事情。

无论怎样，在李朝时代，对于陶瓷器的态度普遍还是很在意的。尤其是乡下农村，一般平民家里拥有瓷器，不仅非常罕见，而且一定是珍重使用的。在阅读到《山林经济》中关于陶瓷器的修复方法的文章时，完全可想象到人们对于陶瓷器的爱惜和珍惜。作为参考，将文章抄录于此：

◎瓷器黏合法

使用鸡卵白与明矾末调和黏结之，甚好。

小麦粉少许，细箩筛过，与清洁上等大漆调和，黏结瓷器，甚牢；用之黏合陶器及破砚石甚好。

民俗做法，将白颈大蚯蚓封存于大葱叶内，一日后观之，应尽化为水。取其清亮汁液黏合瓷器，无痕且牢。

◎瓷器修补法

先将瓷器烘热，用鸡卵白与白灰调和，补于瓷器，甚牢。

另可用白芨、石灰各一盏，以水调之补器。尚有一法，白芨末配鸡卵白调制，填补器之隙，用线紧缚，于火上烘干即可任用。但盛鸡汤为忌。

◎瓷罈缸穿孔法

以艾草集束为炷，燃后炙烤罈缸，以锥击打，孔成。

◎缸罈修补法

如缸有裂缝，先采竹箍之，于烈日下暴晒，使缝隙干燥；以火融沥青涂布于缝隙至满溢，复以火烘烤，如有隙复涂布，可胜于油炭，滴水不漏。

缸罈若破碎，以铁屑加醋加梅调和复合。若生锈则为渗漏，煨芋头至半生半熟涂布即可。

◎瓦石黏接法

将榆白皮湿润捣碎成糊状，对瓦石进行黏接，极为有力。

上好白胶香一两，黄蜡、沥青各一盏，香油一滴。寻受损部位，以相同颜色之瓦或石，捣为粉末。调和为膏烘热即可黏合，此乃补神胶也。如器物山部断裂，则以石末化粉，调和后黏接。

在以上这些方法中，几种特殊材料需要说明。沥青为松脂加油炼制而成，榆白皮则为表皮下的韧皮，白芨是紫蓝的根茎，明矾是指烧明矾，白胶香是枫树脂（别名枫香脂）。

现在，朝鲜半岛的陶瓷工业与其他的产业一样，陷于颓废的谷底。虽然有充足的原料，多到剩余的劳动力，也有很强劲的消费需求，但是为何在此难以形成产业呢？若究其原因，还需进行深度考虑。在鼎盛时期拥有五百多名从业人员的分院大工厂，如今已经完全废窑，一想到此便不禁唏嘘不已。然而，此窑的复兴却希望渺茫。像康津、鸡龙山等窑厂产出了那个时代具有代表性的作品，如今也难免落得闭门倒产，难以逃脱这一厄运。再多想一步，在可见的将来，能够制作出代表其时代的陶瓷器，也不过是空想，这种器物能够在何处，以何种形态出现，也许没有人能够知道。

自古在朝鲜半岛经营陶瓷器制作的，没有一个赢利的，才导致今日的景象吧。

俗话说“做十年茶碗生意，到最后一个猪口也剩不下”，还有说“根本没钱赚”的一个词是“瓮算”。还有一个故事，有一个背负着瓮去贩卖的人走在路上，睡意袭来，将瓮放置在路边，钻进去小睡。梦到自己发大财了，不禁跳将起来，结果看到破碎了一地的瓮的碎片。这件事是一个瓮商的经历，经常被比喻为运气不济、白辛苦的例子。

由此可见，陶瓷器经营自古以来便是充满不确定性的一种职业，完全是在官府的保护或命令下才得以为继的。如果脱离官方的加持，无论从技术层面上还是经济层面上，都会被其他行业碾压而彻底失败，所以只能依赖官方的保护和干涉才得以延续，这样是无益于制造出优良作品的。精品产生秘诀只有一个，那就是民族的昌盛。如果不是这样的时代，不仅仅是陶瓷业，任何精品都无法出现。过去的大部分时代都是像那位瓮商经历的那样，新罗烧也好，高丽烧也好，鸡龙山、分院的器物也好，仅仅是在国家昌盛时期才能产生出来的。

综上所述，陶瓷业面临着经营困境，民族兴旺时自然会有精品产生，生产出精品也就必然宣示好时代的来临。朝鲜半岛在以前的各个时代都有独步天下的精美陶瓷器问世，这是不争的事实。也许有人会说以陶瓷夸耀于世界不是什么了不起的事情，但如前所述，不可能出现只有陶瓷领域优秀而全体衰落的现象，不要忘记这精品是生动的证据。

将使用习惯的草鞋和木屐抛弃的民众，将原本可以制造出优良鞋履的双手拥有的技艺也放下了，即便口口声声对抗资本主义，但仍然穿起胶鞋……现在是一个不合理的畸形时代，这种现象同样也出现在思想领域。虽然从极端的道德约束、清规戒律的压迫中解脱出来，但可以依靠的东西没有了，仅仅是对旧有的东西极端憎恶。但是不能就此得出“需要回归于旧道德”的结论，像现在这样没有可信赖的思想，成为敌人的俘虏，这种状态是难以忍受的。以陶瓷器来看，高丽烧的复兴，策划分院窑作品的仿制，将毫无韵味的白色沙钵进口并使用，仅仅是模仿过去时代，根本无法达成产业的振兴，这是很明确的。现在应有的陶瓷器是什么，很难想象，但这也是赋予我们的使命。受惠于这个国土的原料、民族拥有的技能，顺应时代的要求而激活、祈祷、思考并行动。我坚信，民众觉醒后自己孕育、自己培养的方向和去处，定有全部的幸福。

一九三〇年一月十九日于清凉里

跋

昭和六年[1]四月二日，本书的作者四十岁，突然离开了我们。

在二月初，作者曾经给我来信，要求我为本书作序。我将序写好寄给出版社，已经进入排版了，但作者尚未过目，便突然告别了这个世界，原本应该由作者自己执笔的序文也就无法完成了。作者也曾满心欢喜地期待着校对和开印吧，没有想到自己的生命却先行一步。他自己未曾看到的这本书，成了他留给我们的纪念。

本书最初曾定名为《李朝陶瓷名汇》，但是根据出版社的要求，将“李朝”替换为“朝鲜”，因为这样改的话，对于一般读者来说会更加具有亲近感。但此处的“朝鲜时代”特指李朝，并不是包含新罗、高丽的一般意义上的国名。所以本书是李朝时期烧制的各种器物名称的总汇。毋庸赘言，其中有不少词是沿用之前时代的名称，但是作者是将研究范围集中于李朝来展开的。原本应该是作者在自

1 昭和六年：公元 1931 年。——译者注

序中写明的，但是非常遗憾的是还没有完成，人已经仙逝了。从“名汇”改为“名考”，则是根据作者最后的考量而修改的。

本书至完成为止，花费了五六年的时光，经过多次修改，草稿堆积如山。作者经历了多次的远行，到各窑址进行考察，收集实物，付出了不懈的努力。昭和四年（1929年）秋完成了第一稿。作者不仅亲笔绘制了所有的插图，并添加了注释和图片，做完最后的修订时已是昭和六年正月。承蒙仓桥藤治郎先生的美意，迅即决定出版，并开始排版作业。因为包含很多谚文，所以原计划完全由作者来进行校订，而正当将印稿交由作者审核时，噩耗传来，作者突然逝去，无奈只好烦请作者的好友滨口良光君来代为校正。本书的装帧由我负责，选用的黄色表纸，众所周知，是具朝鲜特色的装帧用纸，由作者本人在京城订购，是按照传统做法使用纯植物染料加工的朝鲜纸，装饰图案则是采用我们收集的古版纹样，内饰则使用了古地图。

此书是长时间努力的结晶，作者会对于出版那一刻抱有怎样的期待啊！我现在只能将此书供奉于他的遗像前，万分遗憾。除此之外，根据如此杰出的这部著作，我们可以得到非常明确的将来的工作方向，不会因作者的早逝而中断。我总是难以回避，估计此生也难以忘却的，总是萦绕在心中的这样一个想法是："如果他还在，该多好！"

他的朋友们正在策划，将以此书为基础，编纂一部他写的关于朝鲜工艺的论文集，我也认为这将是对于他的为人和事业，他的一生的一个注解吧。

在他安息的里门里[2]的山丘，过去的日子频频涌上心头。还有很多应该写出来的事情，留待今后的机会再写吧。

昭和六年六月二十二日

于洛北下鸭[3]

柳　宗　悦

2　里门里：韩国京城郊外清凉里共同墓地所在地，浅川巧下葬于此，后迁墓于首尔东部的忘忧里共同墓地。——译者注

3　洛北下鸭：柳宗悦位于日本京都府左京区的住所，他从此地迁居东京开设"日本民艺馆"。——译者注

译名对照表

A

Amkhioa 암키와 女瓦（平瓦）

Ammaksai 암막시 （前端用平瓦）

Anchilkkai 안질ㅅ개 （条凳）

Apcheungnöl 압중널 （揉土板）

C

Chapaki 자박이 （素烧钵）

Charapyöng 자라병 （扁壶）

Chakeui ㅈ긔 瓷器 （磁器）

Chai 재 （灰）

Chaittöri 자떠리 （灰皿）

Chan 잔 盏 （杯）

Chanphan 잔판 栈板 （坯板）

Chanttai 잔ㅅ띠 盏台 （杯托）

Chang 장 张（枚）

Changkun 장군（俵壶）

Chapsyang 잡상 杂像（一种屋顶装饰）

Cheung 중 窑沙*（目砂）

Chhachchyong 차ㅅ종 茶盅（汤吞）

Chhaikeui 치긔 调色盘（彩绘盘）

Chhanhap 찬합 馔盒（叠盖物）

Chhilkeui 칠긔（漆器）

Chhilkeuikeureut 칠긔그릇（如漆器般具黑色光泽的陶器）

Chhokeui 초긔 础器（台座）

Chhottai 초ㅅ대 烛台

Chhoppyöng 촛병（醋瓶）

Chhyokchari 촉자리（把手）

Chhyönghoapekchakeui 청화빅자긔 青花白瓷器（青花瓷器）

Chhyöngkioa 청기와 琉璃瓦（青瓦）

Chhyu 츄 坠（网用配重）

Chhyutu 츄두 鹫头（一种屋顶装饰）

Chichilpak 지질박 修胎器（陶器内侧修胎用）

Chireuokari 지르오가리（陶釜）

Chireusot 지르솟（陶釜）

Chisyök 지셕 志石（墓志）

Chinheurk 진흙（黏土）

Chinteunghangari 진둥항아리 （土主缸的别称）

Chintonghangari 진동항아리 （土主缸的别称）

Chir 질 （陶土）

Chirkeureut 질그릇 （瓦器）

Choa 좌 座 （组）

Chökuntongi 적은동이 （小型取水瓮）

Chongpyök 종벽 宗甓 （矩形甓）

Chöpsi 접시 碟匙 （盘）

Chöpcha 접ㅈ 接子 （碟匙的别称）

Chutungi 주둥이 （口）

Chun 준 尊 （一种酒器）

Chunhang 중항 罇缸 （酒壶）

Chyangheungko 쟝흥고 长兴库 （官署之一）

Chyöthong 져통 箸筒

Chyöikeui 제긔 祭器

Chyöikeuichyöpsi 제긔졉시 祭器碟匙 （祭器皿）

Chyök 쟉 爵 （酌器）

Chyölpyöngthong 졀병통 节瓶桶 （一种屋顶装饰）

Chyongcha 죵자 盅子 （猪口）

Chyongchu 죵주 （盅子的别称）

Chyongku 죵구 盅瓯

Chyongpal 죵발 盅钵 （钵状小碗）

Chyuchyöncha 쥬젼자 **酒煎子** （铫子）

Chyuhap 쥬합 **酒盒** （带酒瓶的盒子）

Chyupai 쥬빼 **酒杯**

Chyupal 쥬발 **周钵**

Chyupyöng 쥬병 **酒瓶**

Chyutho 쥬토 **朱土** （红壳）

Chyutyömsakeui 쥬뎜사긔 **朱点沙器** （辰砂器）

Chyuk 쥭 **竹** （十个单位名称）

Chyungturi 즁두리 （中型瓮）

H

Hangari 항아리 **缸** （壶）

Hangarittukköng 항아리뚝겅 （瓮盖）

Hap 합 **盒** （盖物）

Happaitturi 합빗두리 （有盖罐）

Happosiki 합보사기 （盖茶碗）

Horopyöng 호로병 **葫芦瓶** （瓢形瓶）

Hoapun 화분 **花盆** （植木钵）

Hoapyöng 화병 **花瓶**

Hoaro 화로 **火炉** （火钵）

Hoihoichhyŏng 회회청 **回青** （纯良吴须）

Hongyŏipyŏk 홍예벽 **虹蜺甓** （扇形甓）

Hun 훈 **埙** （乐器的一种）

Huŏn 훤 （埙的别称）

Hyanghap 향합 **香盒**

Hyangkkoti 향곶이 （香座）

Hyangro 향로 **香炉**

I

I 이 **彝**

Inampak 이남박 （从米中剔除沙粒的碗的通称）

Ipyŏk 이벽 **耳甓** （三角甓）

Inchyuhap 인쥬합 **印泥盒** （印油盒）

K

Kama 가마 （窑）

Kamaakeul 가마아글 （窑门）

Kamaakungi 가마아궁이 （焚口）

Karisai　가리새　（铇）

Kai　개　个、介　（箇）

Kaipi　개비　盖屁　（被盖）

Kakryöng　각령　阁令　（工作间）

Kammo　갓모　（辘轳轴周缘）

Kangphan　강판　姜板　（萝卜擦）

Kap　갑　匣钵

Kappön　갑번　甲燔　（上制）

Keuitaitongi　긔디동　（口付瓮）

Keuitaiya　긔대야　（片口）

Keup　급　（足、高台）

Kheunsoraiki　큰소리기　（盆的方言称呼）

Kheuntok　큰독　（大瓮）

Kioakkama　기와ㅅ가마　（瓦窑）

Kireumpyöng　기름병　（油壶、油瓶）

Kkalttaki　깔딱이　（漏斗）

Kobulthong　고불통　（陶制雁首）

Koryökeui　고려긔　高丽器　（与白沙器相对应的旧式器）

Koteuraittol　고드래ㅅ돌　（编席石）

Kön　건　件　（组）

Kötpyöng　갓병　（乳瓶）

Kui　귀　（耳）

Kuitaihangari 귀디항아리 **带嘴罐** （片口壶）

Kuittai 귀ㅅ대 （注水口）

Kuiung 귀웅 （泥水桶）

Kulttuk 굴뚝 （烟囱）

M

Maisorai 미소리 （盆的方言称呼）

Makcha 막자 **磨棒** （乳棒）

Makchakeui 막자긔 **研磨器** （乳钵）

Maksai 막새 **出头瓦** （轩端修葺瓦）

Mippatak 밋바닥 （底）

Mitkunyŏng 밋구녕 （臀）

Mochahap 모자합 **母子盒** （套盒）

Mosakeui 모사긔 **茅沙器** （用来装入沙子插上茅草注入酒的器物）

Mokachi 목아지 （颈）

Mŏkthong 먹통 **墨桶** （墨壶）

Momttungi 몸뚱이 （胴）

Mulnŏi 물네 （辘轳）

Mulpyŏng 물병 （水差）

Multeumu 물드무 （水瓮）

Multok 물독 （水瓮）

Multongichari 물동이자리 （水瓮的台）

N

Nesyömsi 니섬시 内赡寺 （官署之一）

Nurukturöi 누룩두레 （窑土块）

Nul 눌 讷 （千枚单位名称）

Nyön 년 碾 （药研）

Nyönpal 년발 碾钵

O

Ocheumchangkun 오즘장군 （尿瓶）

Ochi 오지 （赤褐色硬质素烧风格的陶器）

Oakeui 와긔 瓦器

Oayari 와야리 瓦冶里 （瓦屋的村落 *）

Okkai 엇개 （肩）

Ong 옹 瓮

Ongkeuikama 옹긔가마 瓮器窑 （陶窑）

Ongkeuityöm 옹긔뎜 **甕器店** （烧制并销售瓮器的店铺）

Ongpaiki 옹박기 （洗脸用瓦器）

Ongpaki 옹박이 （素烧小钵）

Ongsot 옹솟 （陶釜）

Ongtongwi 옹동의 （取水瓮的别称）

P

Paraki 바라기 （平碗）

Pai 배 （腹）

Paipan 비반 （酒席用器物的总称）

Paitthangi 빗탕이 （宽体瓮）

Paitturi 빗두리 （一种壶）

Pakman 박만 **扑满** （存钱罐）

Palthangkeui 발탕긔 **钵汤器** （妇儿用饭碗）

Panpangchyön 반방젼 **半方砖** （半块大方砖）

Pantongi 반동이 （中型取水瓮）

Pangchyön 방젼 **方砖** （方形铺地瓦）

Pangmangi 방망이 （拍打棒）

Peksakeui 빅사긔 **白沙器** （白瓷）

Pektho 빅토 **白土**

Phalmohangari 팔모항아리 **八角缸** （八角壶）

Philka 필가 **笔架** （笔置）

Philssöi 필ㅅ세 **笔洗**

Philthong 필통 **笔筒** （笔立）

Phunchu 푼주 **大型浅钵**

Phungro 풍로 **风炉**

Phyönkoakeui 편과긔 （饼台）

Phyöntheul 편틀 （饼台）

Pinuhap 비누합 （洗粉用的盖盒）

Pokuyöi 보궤 **簠簋**

Posiki 보시기 **甫儿** （小碗）

Pöchchhi 벗치 （浅大钵）

Pokkeuk 봇극 （辘轳轴头）

Pöngöri 벙어리 **缿** （存钱罐）

Pu 부 **缶** （一种乐器）

Puhanghangari 부항항아리 （火瓶）

Puhangtanchi 부항단지 （火瓶）

Puöktong 부억동 （投柴口）

Pulttol 불ㅅ톨 **火石** （用来覆盖火钵的火的石或瓦片）

Punchyöpsi 분졉시 **粉碟匙** （白粉碟）

Punhangari 분항아리 **粉缸** （白粉壶）

Punhap 분합 **粉盒** （白粉盒）

Punpachchhim 분받침 盆台 （钵台）

Punsukeui 분수긔 粉水器 （白粉用水器）

Punsyupyöng 분슈병 喷水瓶 （如露）

Puntai 분디 盆台 （钵台）

Pyökaimo 벽이모 枕隅 （枕两侧的附属板）

Pyölpön 별번 别燔 （别制）

Pyölu 별우 （砚）

Pyöng 병 瓶

R

Rip 립 立 （个）

Ripkeui 립긔 立器 （筒碗）

Ryöipinsi 례빈시 礼宾寺 （官署之一）

Ryöipön 례번 例燔 （普制）

Ryongchunhangari 룡준항아리 （罇缸中的一般物）

Ryongtu 룡두 龙头 （一种屋顶装饰）

Ryuntai 륜디 轮台 （辘轳）

S

Sakeui 사긔 沙器、砂器 （瓷器）

Sakeuikama 사긔가마 沙器窑 （瓷窑）

Sakeuima 사긔마 沙器马 （鬼神的坐骑）

Sakeuiso 사긔 沙器所 （烧制瓷器并出售的地方）

Sakeuitampul 담불 沙器（瓷片堆积）

Sakeuityöm 사긔뎜 沙器店 （烧制瓷器并出售的地方）

Samopyöng 사모병 四角瓶 （四方瓶）

Sapal 사발 沙钵 （瓷饭碗）

Sapansang 사반상 沙饭床 （一套瓷制餐具）

Sasi 사시 沙匙 （瓷匙）

Sichyöp 시접 匙碟 （放置匙及筷子的台）

Sireuttök 시르턱 甑饼

Siru 시루 甑 （蒸钵）

Siksora 식소라 食所罗 （大钵）

Sokom 소곰 （盐）

Soraiki 소래기 （盆或盖）

Söisusorai 세수소리 （洗脸用瓦器）

Sonchapi 손잡이 （把手）

Ssalhampak 쫠함박 （用于将米中沙子挑出的盆）

Ssang 쌍 双 （对）

Ssanghangari　쌍항아리　（连身壶）

Sukkhioa　수ㅅ키와　**夫瓦**　（天瓦）

Summaksai　수ㅅ막시　（前端用天瓦）

Sulchchan　술ㅅ잔　（盏的别称）

Syang　샹　上　（上制）

Syangsakeui　샹사긔　**常沙器**　（与白沙器相对应的本地沙器）

Syochyukkori　쇼쥬ㅅ고리　**蒸馏器**　（兰引）

Syökhoi　셕회　**石灰**

Syökkanchyu　셕간쥬　**石间硃**　（铁砂）

Syökkanchyuhangari　셕간쥬항아리　**石间硃缸**　（铁釉壶）

Syökkanchyusakeui　셕간쥬사긔　**石间硃沙器**　（铁砂器）

Syökrok　셕록　**石绿**　（孔雀石）

Syupun　슈분　**水盆**　（水盘）

Syuyönthong　슈연통　**水烟筒**　（水烟管）

Syuknyung　슉늉　（蒸饭后倒入锅中的热汤）

T

Tachyong　다죵　**茶盅**

Takoan　다관　**茶罐**

Tai　디　台　（台座）

Taihang 디항 **大缸** （大壶）

Taipyöng 디병 **大瓶**

Tai 대 （烟袋的略称）

Taichöp 대접 **大接** （饭钵）

Taiong 대옹 **大瓮**

Taiya 대야 **大也** （盥形器）

Tambaittai 담비ㅅ디 （烟袋）

Tampaihap 담비합 **烟草盒** （烟草用盖盒）

Tampaithongpachchhim 담비통밧짐 （烟袋台）

Tanchi 단지 （一种壶）

Tangkeui 당긔 **唐器** （模仿中国的青花器）

Tangpal 당발 **汤钵**

Tarrikoltok 달리골독 （大瓮的俗称）

Teumu 드무 （瓮）

Teung 등 **登** （瓦豆）

Teung 등 **灯** （油灯）

Teungchang 등장 **灯盏** （灯明皿）

Teungchyoncha 둥죵ㅈ **灯盅子** （油猪口）

Teungkat 등갓 （灯笠）

Thaku 타구 （痰盂）

Thaihangari 티항아리 **胎缸** （胎盘壶）

Thangkeui 탕긔 **汤器** （盛放汤羹的容器）

Thangkkeui 탕ㅅ긔 **汤器** （汤碗）

Thangpal 탕발 **汤钵**

Thochhyŏng 토쳥 **土青** （吴须）

Thochuhang 토주항 **土主缸** （放入钱和各物用来供奉的壶）

Thosyu 토슈 **吐首** （一种屋顶装饰）

Thukpaiki 툭배기 （陶器钵）

Thukpairi 툭배리 （陶器钵）

Thukpaki 툭박이 （陶器钵）

Thuksuri 툭수리 （陶器钵）

Thyŏlchchyu 텹ㅅ쥬 **铁朱** （代赭石）

Thyŏpsi 텹시 **贴匙** （碟匙的别称）

Tochhim 도침 **陶枕**

Tochyang 도쟝 **图章** （印）

Tochyangkol 도쟝골 **陶匠谷** （陶工村）

Tokai 도기 **修胎棰** （瓮类内侧修胎用）

Tosyurikumŏk 도슈리구먹 （投柴口）

Tok 독 （瓮）

Tokkeureut 독그릇 （稍硬质的瓦器）

Toktyŏm 독뎜 （烧制并销售瓮器的店铺）

Tongi 동이 **水瓮** （水汲瓮）

Tongiarai 동이아래 （水瓮台）

Tongpangkuri 동방구리 （一种壶）

Tongwi 동의 （取水瓮的别称）

Ttangtumöng 탕두엉 （沉淀池）

Ttöksal 턱살 （饼模）

Ttökson 떡손 （饼模的别称）

Ttukpaiki 턱배기 （陶器钵）

Tumöng 두멍 （桶状大钵）

Tuksuri 둑수리 （陶器钵）

Työm 뎜 店 （制造及贩卖陶瓷器等的地方）

Työntaiya 뎐대야 **典大也** （盥形器）

W

Watang 와당 瓦当

Y

Yaktanchi 약단지 **药汤罐** （煎药壶）

Yakthangkoan 약탕관 **药汤罐** （煎药壶）

Yakyömhangari 약염항아리 （调味瓶）

Yangchhikeui 양지긔 **养齿器** （含漱器）

Yokang 요강 （溺器）

Yöisai 예시 （篦）

Yönka 연가 **烟家** （屋顶烟囱）

Yöntan 연단 **铅丹**

Yöntyök 연뎍 **砚滴** （水注）

浅川巧简略年表

1891　明治二十四年

出生于山梨县北巨摩郡甲村（现北杜市高根町）。父浅川如作，母惠，兄伯教，姐荣。

1897　明治三十年

6岁。入甲村的“村山西寻常小学校”上学。

1901　明治三十四年

10岁。进入长坂町“秋田寻常高等小学校”上学。

1904　明治三十七年

13岁。

备注：日俄战争爆发

1907　明治四十年

16岁。入山梨县农林学校上学。在甲府的卫理公会受洗入基督教。

1909　明治四十二年

18岁。于秋田县大馆营林署就职。

1910　明治四十三年

19岁。

备注：日本吞并朝鲜

1914　大正三年

23 岁。从大馆营林署辞职，渡海到达朝鲜半岛，并在京城（今首尔）定居。就职于朝鲜总督府农商工部山林科。为瞻仰罗丹的雕刻作品，浅川伯教登门拜访柳宗悦。

1915　大正四年

24 岁。浅川巧在哥哥浅川伯教陪同下，去千叶县我孙子市的柳宗悦宅拜访，二人初见。

1916　大正五年

25 岁。与浅川光惠结婚。柳宗悦下榻浅川巧在京城的家中。

1917　大正六年

26 岁。长女园绘出生。

1919　大正八年

28 岁。

备注："三一"独立运动发生

1920　大正九年

29 岁。柳宗悦访问朝鲜半岛。浅川巧与柳宗悦商讨建立"朝鲜民族美术馆"计划。

1921　大正十年

30 岁。柳宗悦在东京神田流逸庄举办了"朝鲜民族美术展览会"。浅川巧夫人浅川光惠逝世。与柳宗悦一起开始收集朝鲜本地的美术工艺品，为成立美术馆做准备。在朝鲜京城与柳宗悦等以"朝鲜民族美术馆"名义共同主办了"泰西绘画展览会"。林业实验场转移至清凉里。

1922 **大正十一年**

31岁。开始写日记。与柳宗悦等一起去冠岳山等地考察窑址。从林业实验场一般雇员升任实验场判任职员。《白桦》九月号为“李朝陶瓷器特辑”，浅川巧发表《围绕窑址的一天》。与柳宗悦对分院的窑址进行考察。于京城（今首尔）的朝鲜贵族会馆举办“李朝陶瓷器展览会”，主办方为朝鲜民族美术馆，在展览期间考察水落山窑址。

1923 **大正十二年**

32岁。在日记中表达了对关东大震灾中朝鲜人的关注和支持。

1924 **大正十三年**

33岁。朝鲜总督府公布对柳宗悦的“原王宫、景福宫内辑敬堂的使用许可”，朝鲜民族美术馆于此开馆。参与了“木喰五行上人研究会”的创立。发表《关于松树露天埋藏法的开发》。

1925 **大正十四年**

34岁。与中尾万三、小森忍等一同考察了鸡龙山、康津等处窑址。与柳宗悦等在朝鲜民族美术馆举办了“木喰佛写真展”。发表《窑址考察之旅的终结》。与柳宗悦等考察丹波的木喰佛。与大北咲再婚。

1926 **大正十五年／昭和元年**

35岁。次女出生，但很快夭折。结识了前往京城帝国大学

（今首尔大学）就任的安倍能成。

1927 昭和二年

36 岁。考察分院窑址。去釜山方向旅行。发表《有关秃山的利用问题》《分院窑址考》。

1928 昭和三年

37 岁。与仓桥藤治郎、柳宗悦等四人考察历时七年，发表了共同研究报告《于朝鲜对自高丽末期至李朝初期陶瓷器的基础调查研究》，但是出版《朝鲜李朝陶器》的计划受挫。于朝鲜民族美术馆举办“李朝陶瓷器展览会”。举办题为“朝鲜的器物及其用途”的演讲。于家中举办了“新村”京城分会会员集会，提出组建“朝鲜的爱好讲习会”并实施。与柳宗悦、美国美术史学家兰顿·华尔纳夫妇共同考察鸡龙山窑址。

1929 昭和四年

38 岁。出版发行《民艺丛书第三编 朝鲜的饮食》（工政会出版部出版）。与仓桥等共同考察釜山的窑址。重要著作《朝鲜的餐台》出版。

1930 昭和五年

39 岁。发表《关于朝鲜的棚架和柜子类》。开始写《朝鲜古窑遗址调查经过报告》，未完成。

1931 昭和六年

40 岁。4 月 2 日，因患急性肺炎不治身亡。在浅川巧的葬礼上，柳宗悦作为友人代表发言。安倍的悼念文章《哀悼浅川巧先生》发表于《京城日报》。《工艺》五月号发表了其遗作《朝鲜茶碗》，柳宗悦在同期杂志“编者按”“编辑后记”中表达了对浅川巧的哀悼。遗作《对于朝鲜窑业振兴的有关意见》发表于七月号的《工艺》上。最重要的著作《朝鲜陶瓷名考》由朝鲜工艺刊行会出版。

备注：“九一八”事变爆发

1934 昭和九年

《工艺》三月号（第 40 期）作为浅川巧追悼专辑出版。其遗作《金海》《朝鲜的泡菜》等均发表；以柳宗悦《浅川巧的事迹》等为首的多篇悼念文章也发表于此刊。

（制表：高源伸）

参考资料：

浅川巧《朝鲜民艺论集》（高崎宗司编，岩波书店，2003 年）

《民艺》三月号 /819 期（日本民艺协会,《民艺》编辑委员会,2021 年 3 月 1 日）

《特别展 浅川巧诞辰 120 周年纪念 / 浅川伯教·巧兄弟的心和眼 朝鲜时代的美》（美术馆联络协议会，2011 年）

北杜市官网

译后记

承蒙策划人和出版社抬爱，我有幸翻译这本书。

浅川巧先生在今天的中国可能没有什么人知晓，但是在韩国和日本，以及对“李朝工艺”和“民艺运动”有所研究或抱有兴趣的朋友，他一定是如雷贯耳般的存在吧。

可以说，若要对“李朝工艺”和“民艺运动”进行学习研究，抑或只是开展收藏活动，浅川巧先生的这部《朝鲜李朝陶瓷名考》是一本可以与《圣经》相提并论的必读著作。绕开浅川巧先生以及这部书，无异于建空中楼阁、立无本之木，是不可能得到真传和深入研究的。

中国传统的审美倾向是“文人——士大夫——帝王”这样一种趋势，还是“向帝王看齐”。譬如，喜好清廷文物的，书画上盖有“御览之宝”则为最高级别。

陶瓷器亦然，将“文化期”的黑陶、白陶、彩陶搁置，暂且不论，从汉开始出现的原始青瓷起，瓷器一直就是帝王将相的专属用具，愈是精细精美，就愈要“进贡”甚至成为皇家专属，庶人乃至王孙贵族都有不可僭越的规制。随着技术的进步和制作的普及，平民百姓也逐步可使用，但即使到了晚近的清王朝，“官窑”依然是高高在上的存在。

作为大明政权的藩属国，李氏朝鲜不仅将儒家思想尊为治国理念，而且不断地吸收来自明朝的文化和技艺，其中比较具有代表性的便是制瓷业。以（李朝）广州分院的窑口为代表的官窑烧制的青花白瓷成为李朝的主流，间或还有一些“粉青沙器”，这也是朝鲜半岛瓷业从高丽时代的青瓷向李朝白瓷过渡的一个明显标志。随着产量的提高，越来越多的瓷器进入寻常百姓家。即使对李朝瓷器没有接触的朋友也会知道著名的“朝鲜泡菜”和大酱，它们均是使用相对粗糙的瓷器进行腌制和酿制的。

对于中国传统瓷器和古董收藏有心得的朋友，要么惊叹明清斗彩、粉彩、珐琅彩的精美、繁复、巧夺天工，要么欣赏南北宋单色釉的清雅高洁。而李朝瓷器由于受到历史、地理、文化、工艺等各方面的影响，与中原同时代的器物相比，无疑会表现出平庸、粗糙甚至简陋的气质，与我们习惯上的审美标准相去甚远。但是，正因如此，浅川巧先生为我们打开了一扇别具特色的审美之窗。

浅川巧先生23岁来到朝鲜半岛，在从事林业工作的同时，洞察到当地民俗器物，尤其是瓷器具有独特的美，发现当地人并没有意识到这样一种近身之美。或许生活艰辛的平民们都在为生计打拼，根本无暇欣赏品味这些器物之美，所以浅川巧先生一面慨叹这被忽略和埋没的美，一面着手收集、整理器物和标本，并尝试着进行最初步的理论建设。

浅川巧先生与其兄长浅川伯教先生不仅收集了很多民间生活实用器具，更是对陶瓷一往情深，走街串巷，从古董店和杂货店中找寻有一定年份和具有代表性的器物，且遍访了半岛的名山大川中每一处窑址，收集了一些残器乃至碎片，对它们进行辨识、整理、归类、研究，经过十多年的努力，终于逐步理清了李朝瓷器的大致生产脉络和用途分类，并完成了本书的写作。与此同时，在与浅川伯教新结识的朋友柳宗悦的接触中，他们感到是志同道合的同仁，遂策划乃至实现了设立“朝鲜民族美术馆”（即现今“韩国国立民俗博物馆”的前身）的事业。这在朝鲜艺术史乃至文化史上都是非常重要的一个事件。朝鲜民族美术馆收集、展示李氏朝鲜时期的陶瓷、家具等各种民间工艺品，尤其是没有名气的作家、匠人的作品，通过美术馆的展示，提升它们的艺术品格和审美价值，与柳宗悦等人推行日本“民艺”遥相呼应，并被柳宗悦等人将“李朝之光”纳入民艺范畴，成为“民艺运动”非常重要的一个支柱。所以可以这么说——恰恰是浅川巧先生，将平实、敦厚乃至有些稚拙的李朝民艺提高到了一个审美的高度，他是“平民美学”的奠基人！

本著作成书于近百年前的二十世纪三十年代，因此在阅读学习时不得不考虑到它的历史性，即时代背景、科技水平和认知视野均与当下有着极大的差异。1910年日本吞并李氏朝鲜，直到第二次世界大战结束的1945年，半岛才脱离日本统治。其间的几十年中，朝鲜半岛的爱国志士从未停止过抗争，爆发了多次独立运动，成立流亡政府等，对于此段史实感兴趣的朋友不妨去查阅一下近代史中相关的记述。浅川巧先生正是在这样一种历史背景下追随兄长浅川伯教，跨海来到半岛从事林业工作。

作为林业职员的浅川巧，内心是同情朝鲜人民的。他在奔走于朝鲜半岛的山山水水的同时，目睹了日据下朝鲜人民的苦难，尤其是亲历了"三一"独立运动，对于被镇压的谋求独立的仁人志士充满钦佩。在研究、推广朝鲜半岛民间工艺和器物的同时，他也结交了不少当地人士，在完成《朝鲜陶瓷名考》一书后，在结语中特意鸣谢了那些帮助过他的朝鲜朋友。很不幸，浅川巧因病英年早逝，死后也埋葬在了半岛的土地上，当地友人敬称他为"化作韩国泥土的日本人"，给予了极高的评价。在翻译此著作时，鄙人可以从字里行间感受到浅川巧先生对于器物的珍视，对于朝鲜民族的尊重和对于民间工艺的挚爱。

即使已经过去了将近一个世纪的时间，我们仍然是满怀敬畏地来接触这本《朝鲜李朝陶瓷名考》。因为它不仅仅是对于李氏朝鲜时代陶瓷器的一个总结归纳，更是为“平民美学”的确立和推广而进行的第一步的探索与实践。

高源伸

二〇二二年九月于东京

图书在版编目（CIP）数据

朝鲜李朝陶瓷名考 / (日) 浅川巧著 ; 高源伸译
. -- 长沙 : 湖南美术出版社 , 2023.6
ISBN 978-7-5356-9968-8

Ⅰ . ①朝… Ⅱ . ①浅… ②高… Ⅲ . ①古代陶瓷－考古
－朝鲜－李朝 (1392-1910) Ⅳ . ① K883.126.34

中国版本图书馆 CIP 数据核字 (2022) 第 241082 号

朝鲜李朝陶瓷名考

CHAOXIAN LICHAO TAOCIMING KAO

出 版 人：黄　啸
策 划 人：王瑞智　王柳润
著　　者：［日］浅川巧
译　　者：高源伸
责任编辑：潘腐妍
责任校对：侯　婧　伍　兰
书籍设计：张弥迪
制　　版：杭州聿书堂文化艺术有限公司
出版发行：湖南美术出版社
（长沙市东二环一段 622 号）
经　　销：湖南省新华书店
印　　刷：湖南省众鑫印务有限公司

开　　本：889mm×635mm 1/32　　印　　张：7
版　　次：2023 年 6 月第 1 版　　印　　次：2023 年 6 月第 1 次印刷
定　　价：98.00 元

邮购联系：0731-84787105　　邮　编：410016
电子邮箱：market@arts-press.com
如有倒装、破损、少页等印装质量问题，请与印刷单位联系调换。
联系电话：0731-86807567